打卡 濟州

Checkin JEJU

제주에 가자！

雪姬──著

打卡Q濟州

Checkin
JEJU

濟州的魅力

| 目錄 |

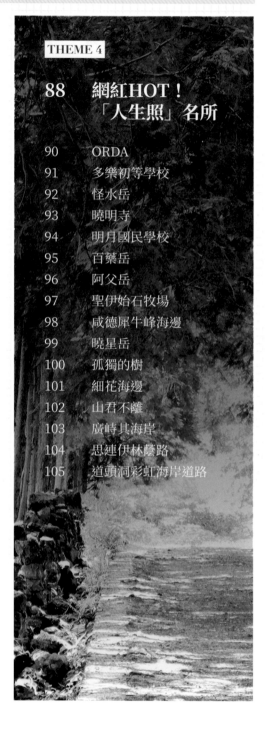

分區玩濟州

北部 108

東部 128

西部 146

本書使用的分類小圖示

景點分類	📷 景點　☕ 咖啡店　🍴 餐廳　🛍 購物　🍽 享受　H 飯店
分區	東部　南部　西部　北部　　行程：午 午餐　晚 晚餐
資訊	📍地址　📞電話　時間　休 公休　W 價錢　🌐 網址　i 備註　前往方式　instgram
推薦/開箱	雪獨開姬家箱　雪姬推薦　　菜單：♡ 推薦料理　○ 菜色選擇

出發前的提醒

濟州的巴士系統時有異動，出發前請記得再次上網查詢最新的巴士資訊！

　　濟州島被視為韓國人的出遊度假勝地，島上的祕密景點你又到訪過多少？大家對濟州島的認識好像還是停留在一般大型景點上，那就OUT了！現在就要跟著韓國人的SNS打卡遊濟州才是王道！就如濟州島民朋友都說雪姬已是半個濟州島人了，大家只要跟著雪姬的攻略，好好掌握地圖APP的應用和書中分享的旅遊妙招，不用強勁的韓語能力，都能見識到濟州島上的絕美隱世祕景！

　　為了讓大家認識到CP值極高及最美麗的濟州，特別把所有的私藏景點一一在這本書公開，一些你不知道的韓星拍攝祕景，韓國SNS最美人生照拍攝地，最齊全的濟州全年花旅攻略等，都在這裡獨家開箱分享，書中附有很多貼心TIPS，讓大家就算不懂韓國也不會韓文都會玩得難忘又自在。要玩的開心拍的美，拿著此書來一次濟州打卡遊，肯定能讓你瞬間成為SNS網紅！

　　為了貫徹此書的整體韓國風格，從寫作拍攝到設計排版都是由我親自獨力完成，漫長的創作道路上，得到很多人的幫忙和協助，沒有他們的支持難以成就今天這本書，在此要特別鳴謝以下朋友：

　　濟州觀光公社的喬恩、惠苑、蘭蘭，全力包車支援的朴金OPPA，跟我遊遍濟州無數地方的朋友曼慈妹妹和小龍OPPA，替我這個大懶人爬上了漢拿山的莎拉韓情，經營民宿和攝影服務的港韓夫婦Yoko和Mario，特意跟我飛到濟州快閃為拍幾張空拍圖的阿奕，最後當然還有辛苦幫我完成此書的焙宜主編，可知港式中文和台式中文原來差很多（我們到底暈了多少次呢?!）要她幫我改回台式中文真是勞苦功高！真心感激感謝！

　　最後，這是一本非常用心製作的旅遊書籍，希望大家能帶著它發掘到濟州最美的風景，創造出在你心中最美好最獨特的濟州旅遊回憶！

雪姬
雪姬的韓國憶記

作者序

雪姬・수키・Suki

　　多年前因為與韓國OPPA男友相戀而開始接觸韓國，人氣韓綜《RUNNING MAN》開啟對韓國的興趣，之後因為一張0元機票優惠而展開了濟州探索之旅。平均一年到濟州7～8次，比當地人更熟悉，更了解濟州的美麗！

　　雪姬是一位平面設計師、旅遊作家和資深韓遊部落客，一開始以手繪方式記錄下所有美麗景點，接著用文字和照片以美學角度與粉絲分享美麗的濟州！

　　從2017年起獲韓國觀光公社委任為「韓遊團長」，負責港澳地區的韓遊分享宣傳。並在2019再獲委任為「KOREA BUDDIES」韓國旅遊宣傳大使之一。在韓國觀光公社香港支社主持超過15場以上韓國旅遊講座，亦主持了香港國際旅遊展覽舉辦的韓國旅遊講座，其中有一半的比例為濟州旅遊主題講座。

出版作品
《一個人去旅行——無伏攻略》(一丁文化，香港出版)

韓國獎項
《KBS-Talk! Talk! Korea 2015》第三名
《KBS-Talk! Talk! Korea 2016》第五名

雪姬的韓國憶記
 sukilovekorea
sukilovekorea529.pixnet.net

作者簡介

雪姬是我唯一的一位香港朋友，說起和她的緣份很特別。她是我民宿的房客，記得她常待在民宿裡畫畫、休息。後來她送我一幅民宿的畫，就這樣開啟了我和她的緣份。

幾次和雪姬在韓國見面聊天，都能感受到她對韓國的了解還真的是不輸給我們這些住在韓國的人妻們。關於韓國的最新流行資訊她總是一手掌握，能夠如此了解韓國，真是令我佩服啊！如果你看完雪姬的《打卡 ♀ 濟州》，你一定就能明白我說的。

除了首爾，濟州是雪姬最常旅遊的地方了。記得她在濟州long trip好幾次，我想她一定是愛上濟州了吧！濟州對我而言有著特別的意義，那是我和韓國嘴(先生)婚後的第一個海外旅行。老實說當時對濟州不夠了解，旅行的回憶雖然很美好，但卻說不出濟州有哪些特色，好像只是去逛了很多博物館就不知道要去哪裡了。10年過去了，現在濟州變得如何，還真的有點好奇。

雪姬寫的這本《打卡 ♀ 濟州》，清楚介紹了一年四季裡每個月份不同的風景和特色景點，很值得我們去踩點。最近流行必吃的美食或是韓劇裡出現過的場景以及熱門IG拍照打卡地點，書中也都介紹到了！原來去濟州吃黑豬肉已不是Top1選擇了，還有鮑魚砂鍋、石鍋飯、海膽湯甚至馬肉……這些我都沒吃過，在首爾也難見到這些菜色。雪姬這本書讓我重新認識了濟州，美麗的風景照和美食照勾起我再度重遊的想法。

這本書的資訊實在太豐富，太多景點可以去，不用擔心不知如何規畫，雪姬貼心的設計幾個初次到訪濟州的重點行程，也有天數長的行程。就連一般人最頭痛的交通問題，如何使用韓國的Naver Map、Kakao Map，都有詳細的操作步驟介紹。真是太實用了！

無法想像雪姬一共去了濟州幾次，竟然幾乎每個月份的風景照裡都能見到她！想必雪姬投入了很多心力才能寫出如此有深度的濟州旅遊書。

想去濟州玩又覺得不夠了解濟州嗎？

不用擔心，雪姬的《打卡 ♀ 濟州》一定可以給你很多資訊和有效計畫你的濟州旅行！

朴媽咪
台灣朴媽咪的韓國弘大民宿
f parkmamahouse

推薦序

編輯室提醒

出發前，請記得利用書上提供的Data再一次確認

　　每一個城市都是有生命的，會隨著時間不斷成長，「改變」於是成為不可避免的常態，雖然本書的作者與編輯已經盡力，讓書中呈現最新最完整的資訊，但是，我們仍要提醒本書的讀者，必要的時候，請多利用書中的電話，再次確認相關訊息。

　　在此提醒，濟州的巴士系統時有異動，出發前請記得再次上網查詢最新的巴士資訊。

資訊不代表對服務品質的背書

　　本書作者所提供的飯店、餐廳、商店等等資訊，是作者個人經歷或採訪獲得的資訊，本書作者盡力介紹有特色與價值的旅遊資訊，但是過去有讀者因為店家或機構服務態度不佳，而產生對作者的誤解。敝社申明，「服務」是一種「人為」，作者無法為所有服務生或任何機構的職員背書他們的品行，甚或是費用與服務內容也會隨時間調動，所以，因時因地因人，可能會與作者的體會不同，這也是旅行的特質。

新版與舊版

　　太雅旅遊書中銷售穩定的書籍，會不斷再版，並利用再版時做修訂工作。通常修訂時，還會新增餐廳、店家，重新製作專題，所以舊版的經典之作，可能會縮小版面，或是僅以情報簡短附錄。不論我們作任何改變，一定考量讀者的利益。

票價震盪現象

　　越受歡迎的觀光城市，參觀門票和交通票券的價格，越容易調漲，但是調幅不大(例如倫敦)，若出現跟書中的價格有微小差距，請以平常心接受。

謝謝眾多讀者的來信

　　過去太雅旅遊書，透過非常多讀者的來信，得知更多的資訊，甚至幫忙修訂，非常感謝你們幫忙的熱心與愛好旅遊的熱情。歡迎讀者將你所知道的變動後訊息，善用我們提供的「線上回函」或是直接寫信來taiya@morningstar.com.tw，讓華文旅遊者在世界成為彼此的幫助。

太雅旅行作家俱樂部

來自
編輯室

濟州島地圖

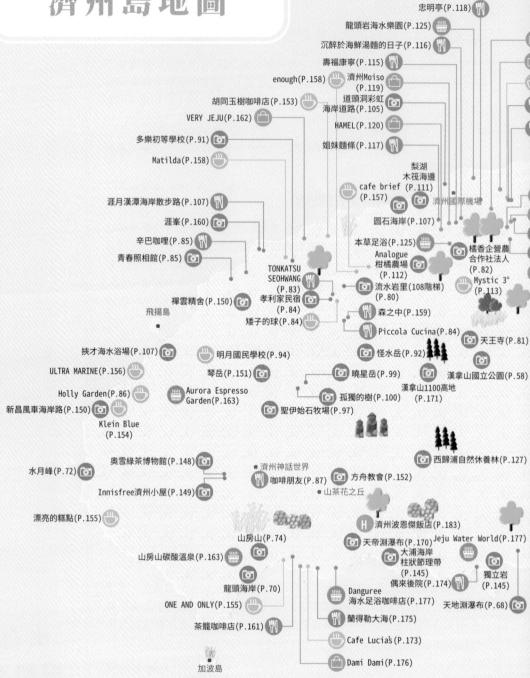

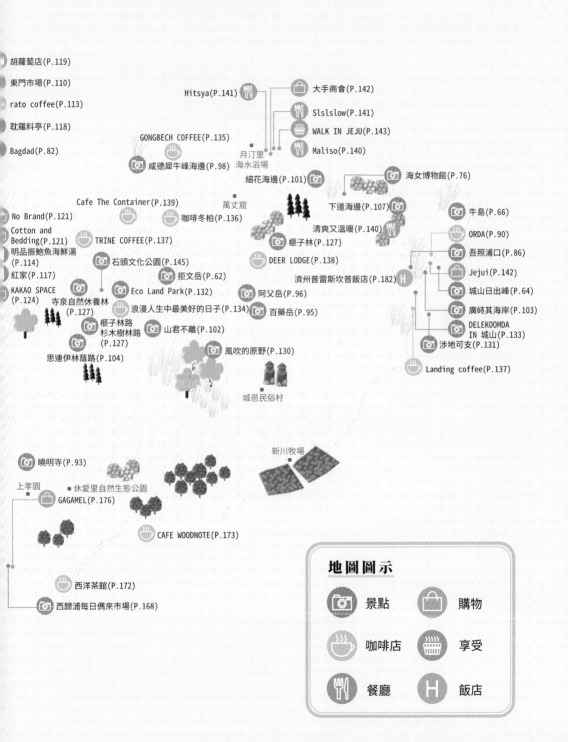

胡蘿蔔店(P.119)

東門市場(P.110)

rato coffee(P.113)

耽羅料亭(P.118)

Bagdad(P.82)

Hitsya(P.141)

大手商會(P.142)

Slslslow(P.141)

WALK IN JEJU(P.143)

Maliso(P.140)

GONGBECH COFFEE(P.135)

月汀里
海水浴場

咸德犀牛峰海邊(P.98)

細花海邊(P.101)

海女博物館(P.76)

萬丈窟

下道海邊(P.107)

牛島(P.66)

Cafe The Container(P.139)

咖啡冬柏(P.136)

清爽又溫暖(P.140)

ORDA(P.90)

No Brand(P.121)

TRINE COFFEE(P.137)

椰子林(P.127)

吾照浦口(P.86)

Cotton and
Bedding(P.121)

DEER LODGE(P.138)

Jejui(P.142)

明品振鮑魚海鮮湯
(P.114)

石頭文化公園(P.145)

濟州普雷斯坎普飯店(P.182)

城山日出峰(P.64)

紅家(P.117)

拒文岳(P.62)

廣峙其海岸(P.103)

KAKAO SPACE
(P.124)

Eco Land Park(P.132)

阿父岳(P.96)

DELEKOOMDA
IN 城山(P.133)

寺泉自然休養林
(P.127)

浪漫人生中最好的日子(P.134)

百藥岳(P.95)

涉地可支(P.131)

椰子林路
杉木樹林路
(P.127)

山君不離(P.102)

Landing coffee(P.137)

思連伊林蔭路(P.104)

風吹的原野(P.130)

城邑民俗村

新川牧場

曉明寺(P.93)

上孝園

休愛里自然生態公園

GAGAMEL(P.176)

CAFE WOODNOTE(P.173)

西洋茶館(P.172)

西歸浦每日偶來市場(P.168)

地圖圖示

📷	景點	🛍️	購物
☕	咖啡店	🧺	享受
🍴	餐廳	H	飯店

濟州
之美

濟州島號稱「三多島」，因為這裡最多的就是石頭、風和女人。

濟州是一個風之島，島上的居民歷代以來都在面對各式各樣不同程度的強風威力，由以往的抗衡到現在能好好的應用，因此目前在島上不難見到處處都建有大型的風車設施，這除了是大家的打卡美拍點，更是濟州島的生活原動力來源。走在路上必定會看到滿街都是石頭，因為濟州是一個火山島，基本上整個島都是以岩石堆積形成，濟州島的獨特景象就是居民會以石頭建造房屋以及圍牆，黑石堆砌而成的獨特環境，只有這裡才看得到。島上的女性從前到現在，都擁有積極主動的個性，她們會為家庭外出當海女抓魚、耕田或在市場作買賣和砍柴打水等，無一不是表現出濟州女性的強大，從而造就了濟州有「女人島」的稱號。

現在的濟州島是韓國人度假放鬆的地方，來到這裡你可零距離接觸大自然，美麗而獨特的山岳、清澈而豐富生命力的海洋、親切而純樸的濟州島民，以及親眼見到追求美學而一絲不苟的韓式設計。你可以體驗到韓國最慢活放鬆的一面，來放空一下，為自己繁忙的生活帶來喘息的空間，呼吸一口新鮮空氣，享受大自然帶來的壯觀和美麗，製造最難忘深刻的回憶吧！

濟州旅遊分區

DISTRICTS

West 西部

由西面5個地區組成，包括涯月邑(애월읍)、翰林邑(한림읍)、翰京面(한경면)、大靜邑(대정읍)和安德面(안덕면)

西部可以拍人生照的地方很多，例如最具代表性的曉星岳以及O'sulloc綠茶園等。位於漢潭海岸最有人氣的咖啡店Monsant café(몽상드애월)和春日咖啡(Bonmal)是觀賞濟州日落的必訪景點。另外還有著名散步如狹才海水浴場、涯月海岸道路。

#人生照

#打卡咖啡店

#海邊

#散步

#主題公園

East 東部

由東面4個地區組成，包括朝天邑(조천읍)、舊左邑(구좌읍)、表善面(표선면)和城山邑(성산읍)

東部的美景眾多，例如城山日出峰、涉地可支、山君不離等都在這裡。另外還有牛島咸德海水浴場等著名景點。而最多人去打卡美拍的海邊，如月汀里海水浴場、細花海邊等，其周邊聚集了許多特色咖啡館。除此之外，山岳地形的景觀主要集中在東部。

#山岳

#人生照

#海邊

#打卡咖啡店

Sorth 南部

即西歸浦市(서귀포)，地區包括中文(중문)、西歸浦市(서귀포시)和南元邑(남원읍)

在西歸浦有每日偶來市場，裡頭有販賣炸雞、小米紅豆糕等的各式街頭美食小店。在這裡同樣坐擁很多大自然景觀，例如天地淵瀑布、1100高地等。沿著海邊亦有很多海景咖啡店很值得遊客去細味。

#市場

#自然觀光

#海邊

#打卡咖啡店

濟州島本島大致可以簡單劃分成4大區域,在安排行程上可以按地區規畫即可,4區分為東、南(西歸浦區)、西以及北(濟州市區)。

牛島

飛揚島

北部

東部

漢拿山

西部

南部

加波島

North 北部

即濟州市區(제주시),主要分為新濟州市及舊濟州市,而國際機場也位於此區

　市區內有多個大大小小不同種類的市場,最著名的就是東門市場、五日市場和漢拿樹木園夜市場等。另外,濟州市區內還有很多著名美食店,完全不愁沒好吃的。而且市區的觀光景點眾多,隨處逛逛就十分有趣。所有韓國大型的超市百貨以及免稅店全都集中在濟州市區內,購物買紀念品伴手禮在濟州市區即可搞定。

#住宿

#市場

#購物

#美食

Islands 外島

牛島(우도)、加波島(가파도)和飛揚島(비양도)等

　濟州島外圍有很多大大小小的小島,在不同的季節有不同的小島活動供遊客遊覽,而外島中最著名的是牛島和加波島,大家通常會花一兩天的時間去外島遊覽。

#賞花 #散步

#小島美景

出發前的準備

PREPARATIONS

簽證

持台灣護照的旅客可免簽證在韓國停留90天，護照有效期限必須在6個月以上。

外幣兌換、匯率

韓幣兌台幣約35:1，匯率常有變動，出發前請上台灣銀行查詢最新匯率。

民間兌換所

濟州民間兌換所的外幣匯率通常比首爾、釜山等大城市的匯率差，但又比機場佳。民間兌換所都集中在濟州市蓮洞區內的濟州妍洞豪生飯店附近一帶，如果需要換錢，大家可以直接在這裡比價。如果你先到首爾或釜山旅遊再到濟州，請盡量在當地兌換好韓幣，因為匯率一定會比濟州佳。

海外提款服務

大家亦可在銀行櫃檯換錢，或若你的提款卡可以使用海外提款功能，便可在印有GLOBAL或International字眼的提款機直接提取韓幣現金，當然兩地銀行都會收取指定的服務費。

不過有時候海外提款的匯率不比濟州民間兌換所差，但要留意，在提款後才能在你的銀行帳戶紀錄內查詢匯率。而在濟州國際機場內都設有多台可以使用海外提款服務的提款機，如果到達濟州後急需現金應急，可在機場銀行櫃檯換錢或使用海外提款服務。

退稅

在可退稅的單一商店或專櫃購物消費滿3萬韓元或以上，即可向店家索取退稅單據，出境時在機場辦理退稅申報，只要在過海關前到退稅櫃位出示「退稅單據」及「購物單據」，讓職員在護照上人工蓋章或使用退稅機器辦理，過海關後到達出境管制區後，便可到退稅服務櫃檯退回現金或退到信用卡內。

備註

- 退稅單據有效期為3個月。
- 部分商店有提供「即時退稅服務」，在結帳時出示有效護照，系統便會自動扣除稅金，付款時就只需付已扣稅金的總額，這些單據就不用在機場辦退稅。例如Olive Young等。
- 濟州國際機場的退稅服務只能退回人民幣或美金現金，並不提供韓幣現金。

● 自動退稅機

● 退稅櫃檯

網路

濟州的巴士全面提供免費Wi-Fi。濟州市外巴士站或西歸浦市外巴士站等重要的交通車站以及大型觀光景點，也都設置了免費的公用Wi-Fi。

出發前可向各大旅遊平台如

KLOOK、KKday等租借Wi-Fi分享器或購買上網SIM卡，可以在台灣先行提取或到達濟州國際機場後領取。

KT的網路在濟州最快最穩定

貼心叮嚀

如果對網路的穩定度及網速有一定要求的話，建議使用KT網路供應商，在濟州的接收及網速最為穩定。

時差

韓國比台灣快1小時。

電壓

韓國電壓為220伏特(V)，插座直徑4.7公釐圓柱形，換上轉接頭便可直接使用，可自動變壓100V～240V的電器和3C產品。建議自備轉接頭，除了在市區內，其他地區都比較難買到，若有需要可以嘗試到附近的便利商店找找看。

四季氣候

濟州島位於朝鮮半島的南邊，氣候屬於亞熱帶到溫帶的過度地帶。一年四季都受黑潮的影響，冬天雖沒有首爾寒冷，但如果在高山處或海邊，風就會特別大且感到寒冷。濟州島除了中山間地帶以外，整個地區都屬於亞熱帶溼潤氣候。

相較於其他地區，這裡冬天比較短、夏天比較長，降水量較大、風較強。每年平均氣溫為15.6℃，而每年的平均降雨量是1,584.9mm。1～2月最冷，平均氣溫是5.6℃，平均溼度是73.95。整體來說，四季分明但全年的風勢都很強勁，而且容易因風雨大、雪浪太大的關係而影響交通的行駛，以及航班升降和船隻的停泊等。

濟州各地區天氣不一，市區出太陽，但西部可能在下大雨，而東部則在下大雪也不一定，天氣不穩定的情況很常見，因此需要隨時留意天氣的變化！

◇ 查詢天氣APP

1) Kweather

韓國天氣預告平台，能夠準確地查看韓國全國各地的天氣狀況及天氣預報。

🌐 www.kweather.co.kr

2) Weather Place

濟州天氣預報APP，詳細列出濟州各區的天氣情況，以及各大觀光景點的天氣現況等。

四季穿搭

◇ 春天

因日夜溫差變化大，需帶外套出門，特別是初春時分，天氣容易反覆，建議穿著長袖加薄外套，再帶一件方便穿脫的大衣，春末時分可穿著短袖加薄外套。踏入4月開始會有間歇性大雨。

◇ 夏天

太陽非常猛烈加上戶外都沒遮蔽的地方，故必須做好防曬，如自備帽子、太陽眼鏡以及隨身電風扇，另外踏入夏天亦是颱風季節，7～8月出現強烈颱風的機率較高，必須隨身攜帶雨具。

◇ 秋天

最舒適的季節，風勢開始變大，早晚溫差較大，必須攜帶薄外套。

◇ 冬天

天氣寒冷亦會降雪，1～2月溫度特別低，加上景點多在戶外，必須做好保暖，可以準備發熱內衣及羽絨衣，還必須攜帶保暖帽子及手套等，若要登山的話，要準備強力暖暖包。

看日出去城山
看日落去涯月

◇ 日出

可到城山日出峰或旁邊的廣峙其海岸觀賞。如果從濟州市出發，早上大概04～05點要出門，若住在城山附近則比較方便。如果是包車遊，要看日出必定會有額外收費。

◇ 日落

可到涯月漢潭海岸散步路，那裡最出名的觀賞日落熱點就是舊GD CAFÉ(MONSANT CAFÉ)望出去的海邊！另外水月峰亦是當地很熱門的賞日落勝地。

店家營業時間

濟州市區外的店家通常18點左右便陸續關門，最晚到20點，而且晚上的巴士較少，要回市區會很困難。不過濟州市內蓮洞、東門市場以及濟州市廳的店家都比較晚關門，加上是飯店逛街集中地，如果你的行程比較晚結束，不妨回市區再吃晚餐，太晚回來的話唯一選擇就是到東門市場夜市吃宵夜了。

緊急聯絡

◇ 濟州觀光公社

濟州觀光公社的網站提供線上即時客服查詢服務，只要在上班時間內上官網，就會有專人即時為你解答所有濟州的旅遊資訊，包括景點諮詢、交通諮詢、慶典活動諮詢、旅遊翻譯、輪椅租賃等等，而且有韓、中、美、日4種語言的介面。

📍 濟州特別自治道濟州市善德路23號1樓

🌐 www.visitjeju.net/zh

◇ 韓國旅遊專線「1330」

提供24小時旅遊諮詢服務(夜間會轉接回首爾接聽)，全年無休。他們為外國觀光客提供中、英、日語等的旅遊導覽與觀光旅遊翻譯服務，用手機直接撥打即可。

雪姬小情報

用APP查詢日落時間

攝影朋友們都懂得拍攝風景的最佳時間，基本上是每天日落前的15分鐘，好天氣時天空會出現夢幻的雲彩，就是我們所謂的「Magic Hour」。該如何知道日落時間？利用這個國際天氣預報平台「The Weather Channel」，就可輕易捕捉到最美日出日落景致的時間了！

著手安排自己的旅程 PLANING

一天內不宜跨區遊玩

一天只適合去一個區域的景點,不宜環島(即一天不能去兩個或以上的分區)。例如東到西部單程車程已需要2~3小時,所以基本上,一天之內安排東部+西部不太可行。

住宿地區	建議行程方案	注意事項
北部	北+東／南／西	把北部景點分散安排在每天的行程第一站或最後一站
南部	南+東／西／北	把南部景點分散安排在每天的行程第一站或最後一站
東部	僅東部	通常只會住1~2天,這兩個區域比較大、景點多,安排行程時盡可能排在同一區
西部	僅西部	

(製表／雪姬)

行程安排須知

在行程規畫上除了按照東南西北分區來劃分,還要視乎不同的交通方式以及住宿地區,來決定行程安排和預計所需時間。

旅遊形式	天數	建議到訪天數安排	注意事項
初次到訪	4~5天	・東、南、西、北部各1天 ・外島(如牛島)1天	只走大型景點
深度遊	7天	・東、西部各2天 ・南、北部各1天 ・外島(如牛島)1天	主要景點都在東部和西部,所以東、西部可安排2天

(製表／雪姬)

冬天適合包車玩濟州

冬遊濟州盡可能要避開海岸景點,因為冬天的海岸冷風絕對不是開玩笑,所以一般韓國人冬遊濟州都會走內陸中山間路線,主要是到漢拿山一帶賞雪,還會安排一整天到南部賞冬柏花。另外,因為天氣太冷,足浴店、汗蒸幕和溫泉成了大家必到的保暖避寒點,冬遊濟州基本上4天已經很足夠,不能錯過絕美的冬柏花和雪景,是冬天必看的祕密景點。特別要注意冬天不宜自駕,容易發生意外,而且冬遊的景點大多沒有巴士到達,通常建議選擇包車。

行程規畫 TRAVEL ROUTE

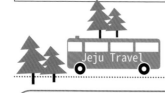

Jeju Travel

小資背包巴士遊

　　搭巴士遊玩可省下旅費，亦可細細欣賞沿途的美麗景致，但每天行程只可安排3～4個，而且必須有備案行程，中途若有突發狀況可立即改行程，另外盡可能到訪的景點都在附近，距離太遠會浪費時間在候車坐車上，如有需要可轉乘計程車。

初訪濟州5日遊

DAY 1 (東部)	山君不離 ➡ 城山日出峰 ➡ 月汀里海水浴場
DAY 2 (西部)	山房山 ➡ 龍頭海岸 ➡ 綠茶園 ㉗ ➡ 涯月海岸散步路 ➡ 涯峯 ㉑
DAY 3 (南部)	李仲燮文化街 ➡ 西歸浦每日偶來市場 ㉗ ➡ 天帝淵瀑布 ➡ 山茶花之丘
DAY 4 (北部)	道頭海岸道路 ➡ 梨湖木筏海岸 ➡ 姐妹麵條 ㉗ ➡ 老衡洞 ➡ 寶健路 ➡ 七星路街 ➡ 東門市場 ㉑
DAY 5 (外島)	牛島

放鬆悠閒7日遊

DAY 1 (東部)	城山日出峰 ➡ 細花海水浴場 ➡ 月汀里海水浴場
DAY 2 (東部)	Eco Land Park ➡ 山君不離 ➡ 百樂岳
DAY 3 (西部)	山房山 ➡ 龍頭海岸 ➡ 綠茶園 ㉗ ➡ 新昌風車海岸路
DAY 4 (西部)	水月峰 ➡ 翰林公園 ➡ 涯月漢潭海岸散步路 ➡ 涯峯 ㉑
DAY 5 (南部)	李仲燮文化街 ➡ 西歸浦每日偶來市場 ㉗ ➡ 天帝淵瀑布 ➡ 山茶花之丘
DAY 6 (北部)	道頭海岸道路 ➡ 濟州一頓飯 ㉗ ➡ 梨湖木筏海岸 ➡ 老衡洞 ➡ 寶健路 ➡ 七星路街 ➡ 東門市場 ㉑
DAY 7 (外島)	牛島

懶人便利包車遊

　　包車遊一天可走的景點多,而且不受天氣影響,只要安排走同一區即可,很適合人數多或有老人小孩同行的遊客。除了基本景點外,亦可走訪一些巴士沒有到達的景點,尤其是大部分的追星美拍景點都比較難到達,包車遊就會更方便,是深入了解濟州的最佳方法。

達人級行程

冬柏賞雪祕景4日遊

DAY 1
(北部)
天王寺 ➡ 1100高地 ➡ 本草足浴 ➡ 橘子香營農合作社法人 ➡ 沉醉於海鮮麵的日子 午 ➡ 老衡洞 ➡ 明品振鮑魚海鮮湯 晚 ➡ 七星路街 ➡ 東門市場

DAY 2
(南部)
為美冬柏群落地 ➡ 濟州冬柏樹木園 ➡ 蘭得勒大海 午 ➡ 濟州冬柏村 ➡ 冬柏森林 ➡ Danguree海水足浴咖啡店 ➡ 上孝園 ➡ 山茶花之丘 ➡ 壽福康寧 晚

DAY 3
(東部)
新川牧場 ➡ DEER LODGE 午 ➡ 思連伊林蔭路 ➡ 榧子林路 ➡ Cafe The Container ➡ 市廳 ➡ Bagdad 晚 ➡ 龍頭岩海水樂園

DAY 4
(西部)
山房山 ➡ 山房山碳酸溫泉 ➡ CAFE FRIENDS 午 ➡ 綠茶園 ➡ 明月國民學校 ➡ 多樂分校 ➡ ULTRA MARINE ➡ 忠明亭 晚

初訪濟州5日遊

DAY 1
(北部)

Eco land Park ➡ 濟州海女博物館 ➡ Maliso 午 ➡ 城山日出峰 ➡
廣峙其海岸 ➡ 涉地可支 ➡ 清爽又溫暖 晚

DAY 2
(南部)

方舟教會 ➡ 山房山 ➡ 龍頭海岸 ➡ CAFE FRIENDS 午 ➡ 綠茶園 ➡
多樂分校 ➡ 涯月漢潭海岸散步路 ➡ 涯峯 晚

DAY 3
(東部)

天地淵瀑布 ➡ 西歸浦每日偶來市場 午 ➡ 大浦海岸柱狀節理帶 ➡
Cafe Lucia's ➡ 天帝淵瀑布 ➡ 蘭得勒大海 晚

DAY 4
(西部)

寺泉自然休養林 ➡ 紅家 午 ➡ Analogue柑橘農場 ➡ 梨湖木筏海岸 ➡
道頭海岸道路 ➡ 七星路街 ➡ 東門市場 晚

DAY 5
(外島)

牛島

完美追星美拍充實7日遊

DAY 1
(東部)
咸德犀牛峰海岸 ➡ GONGBECH COFFEE ➡ 山君不離 ➡
DEER LODGE 🕛 ➡ 百藥岳 ➡ 風吹的原野 ➡ 阿父岳 ➡ 市廳 ➡
Bagdad 🌙

DAY 2
(東部)
思連伊林蔭路 ➡ 榧子林路 ➡ Slslslow 🕛 ➡ 細花海邊 ➡ 吾照浦口 ➡
ORDA ➡ 城山日出峰 ➡ 廣峙其海岸 ➡ DELEKOOMDA IN 城山 ➡
清爽又溫暖 🌙

DAY 3
(西部)
流水岩里 ➡ 怪水岳 ➡ 曉星岳 ➡ 孤獨的樹 ➡ 森之中 🕛 ➡ 綠茶園 ➡
孝利家民宿 ➡ 傍晚庭園 ➡ TONKATSU SEOHWANG 🌙 ➡ 禪雲精舍

DAY 4
(西部)
聖依始石牧場 ➡ 琴岳 ➡ CAFE FRIENDS 🕛 ➡ 新昌風車海岸路 ➡
Klein Blue ➡ 挾才海水浴場 ➡ ULTRA MARINE ➡ 多樂分校 ➡
涯月漢潭海岸散步路 ➡ 涯峯 🌙

DAY 5
(南部)
天皇寺 ➡ 1100高地 ➡ 蘭得勒大海 🕛 ➡ 獨立岩 ➡ 西洋茶館 ➡
曉明寺 ➡ 老衡洞 ➡ 姐妹麵條 🌙

DAY 6
(北部)
道頭海岸道路 ➡ 濟州一頓飯 🕛 ➡ 梨湖木筏海岸 ➡
橘子香營農合作社法人 ➡ 草本足浴 ➡ 七星路街 ➡ 東門市場 🌙

DAY 7
(外島)
牛島

Delicious

美食魅力

　　長長的帶魚、軟嫩的黑豬肉、新鮮活口鮑魚,和獨特又鮮甜的馬肉等,濟州島的代表美食繁多,要找特色食物絕對不難,只要你自認是一名吃貨,絕對會讓你吃到捨不得離開!

　　來到濟州不要忘記每天都要去尋找美食隱藏點,為你的旅程帶來原動力,無論在市區或是濟州島的任何一個角落,處處都隱藏著很多令人為之讚歎的美食,跟著雪姬吃韓國人心中的美味。

韓國人最愛的濟州料理 TOP 10

TOP 1

TOP 2

鯛魚水拌生魚片
자리돔물회

豬肉拉麵
고기국수

　　在323種濟州料理當中,最令韓國人讚歎的菜色絕對是鯛魚水拌生魚片。新鮮的生魚片用辣椒醬和大醬等調味,拌入洋蔥、水梨和韮菜等大量蔬菜,再和著水和冰塊一起吃,這個冰涼清新又酸甜的搭配,絕對是濟州料理的代表!

　　豬肉拉麵是濟州島的傳統料理,以前只能在辦喜慶宴會時吃到。用上了濟州特產的黑毛豬豬骨和豬肉燉煮成美味濃郁的豬肉湯底,加入麵條與黑豬肉片來吃,這就是在濟州最常見的濟州料理,看似簡單的菜色,卻令人難忘的美味。

鮑魚海鮮砂鍋
전복 해물뚝배기

濟州有很多以鮑魚為主菜，專門經營鮑魚海鮮砂鍋的餐廳。湯鍋內有著新鮮又豐富的海鮮，包括大大的鮑魚、自然生的九孔螺、蛤以及濟州特產大蝦等，一鍋分量很大且價錢便宜，和幾個朋友分著吃都極為滿足。

案板豬肉
돔베고기

「案板」(돔베)在濟州語解作「砧板」。把剛剛煮熟的豬肉切片放在砧板上便成了案板豬肉，吃的時候只要把肉片沾上鰻魚醬，再以新鮮的白菜包著吃，味道簡直一絕。

海膽湯
성게국

海膽湯是西歸浦地區的在地美食，就是韓國人常吃的海膽海帶湯。把炒香的芝麻油加入水中，和海膽、海帶、大蒜和調味料等一起煮沸便完成，這是濟州特製的養身料理。

鮑魚石鍋飯
전복 돌솥밥

盛產鮑魚的濟州島鮑魚料理眾多，其中韓國人最常吃的就是鮑魚石鍋飯，熱騰騰的石鍋飯加入濟州島生產的牛油，一邊拌飯一邊享受著牛油香氣與鮑魚飯的完美融合，是非常美味的一道菜色，最重要是在濟州吃鮑魚都不貴啊！

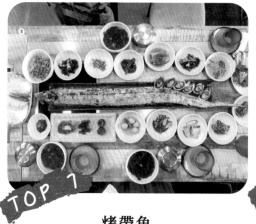

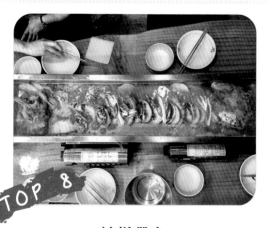

烤帶魚
갈치 구이

烤帶魚是將鹽醃的帶魚用火烤或油炸，最正宗的炸帶魚店會整條帶魚放在特製的長烤爐上烤製，更能嘗到帶魚的原味。

辣燉帶魚
갈치 조림

辣燉帶魚是將整條長帶魚配上蘿蔔或土豆，再加入辣醬湯煮成的料理，跟烤帶魚同樣，都是最受韓國人喜愛的帶魚料理菜色。

黑豬肉
흑돼지

濟州的黑毛豬在污染極少、衛生優良的環境下自然放養，所以肉質非常鮮甜味美，油脂分布均勻，不用醃製直接烤肉來吃就是最美味的吃法，到濟州怎能不吃一頓烤黑豬肉大餐呢！

馬肉
말고기

濟州島另一著名的肉類就是馬肉，肉的味道比其他肉類更鮮甜，脂肪含量低，而且肉質比牛肉更軟嫩。通常會作成湯品、烤肉或生切肉片來吃。烤馬肉會沾洋蔥調料醬一起吃，生切肉片則有入口即化的口感。

必吃街頭美食 TOP 5

濟州有幾個著名的市場,在裡面必定會找到很多街頭美食,在這裡推薦大家必吃清單,跟著吃便是來過濟州最好的證明了。

TOP 1

花生冰淇淋
땅콩 아이스크림

花生是牛島的特產,以牛島花生製成的美味冰淇淋,還在上面灑上花生粉,整杯冰淇淋都散發出花生的香味。

TOP 2

柑橘果汁
감귤 주스

柑橘汁是以100%柑橘製成,而每次喝的味道都不同,在於當時柑橘的品質和用哪一種柑橘製成而定,有漢拿峯柑橘、天惠香柑、赤香柑等。

TOP 3

小米紅豆糕
오메기떡

這是濟州島著名且獨有的在地美食,用糯米和紅豆製成,Q彈口感加上甜甜的滋味,最適合當伴手禮。只要放在冰箱內便可保存數天。

TOP 4

橘子石頭爺爺小蛋糕
귤하르방

以濟州島的吉祥物石頭爺爺為造型的小蛋糕,在蛋糕裡加入了橘子奶油醬,吃一口便會品嘗到滿滿的橘子香。

TOP 5

大蒜炸雞
마늘치킨

西歸浦偶來市場以大蒜炸雞而聞名,曾經在韓國美食節目中出現過,所以吸引大批韓國人前來品嘗。是西歸浦偶來市場必吃的街頭美食!

THEME 1

花之旅行

　　濟州島一年12個月都有不同的面貌，而島上形形色色的花卉種類多不勝數，每月都出現令人驚豔的各式美景，去濟州島就是要到各大花卉名所打卡，一年四季任何時候出發都有滿滿的美麗鮮花相伴。本篇蒐集了每月的盛開花卉植物及觀賞名所，只要按照自己的喜好加進行程中，絕對可以令你的旅程充滿美好回憶。

*開花期為過往紀錄，故僅供參考，花卉會因當時天氣情況而有所改變，延遲或提早開花凋謝實屬自然現象，出發前需先確認當下花況。

濟州冬柏樹木園

1月 일월

冬柏花/동백

開花期:11〜3月
(1月為盛開期)

北部　東部
漢拿山
西部　南部　⑥④②①　⑤
③

　濟州的冬天最為人驚豔的就是冬柏花(又名山茶花),是濟州冬季花卉的代表,島上有多個著名的冬柏花園,高大的樹幹長滿鮮豔桃紅色的花朵,是韓國人冬遊濟州必拍的美景。

① 為美冬柏群落地
위미동백군락지
#130年歷史5,000坪冬柏石牆
雪推姬薦

◎ 제주 서귀포시 남원읍 위미중앙로300번길 23-7

② 濟州冬柏樹木園
제주동백수목원
#冬柏茶梅樹林
雪推姬薦

◎ 제주 서귀포시 남원읍 위미리 927 ☎ 064-764-4473 🕐 每天09:30〜17:00 ₩ 約3,000

③ 山茶花之丘
카멜리아힐
#冬柏慶典

◎ 제주 서귀포시 안덕면 병악로 166 ☎ 064-792-0088 🕐 冬季12〜2月08:30〜17:00,春季3〜5月08:30〜17:30,夏季6〜8月08:30〜18:00,秋季9〜11月08:30〜17:30 🈲 全年無休 ₩ 約8,000 🌐 www.camelliahill.co.kr

④ 冬柏森林
동백포레스트
#神祕冬柏花森林

◎ 제주 서귀포시 남원읍 신례리 1767

⑤ 濟州冬柏村
제주동백마을
#冬柏樹小村莊
雪推姬薦

◎ 제주 서귀포시 남원읍 한신로531번길 22-1 ☎ 064-764-8756 🌐 jejudongbaektown.com

⑥ 上孝園
상효원
#冬柏慶典

◎ 제주 서귀포시 산록남로 2847-376 ☎ 064-733-2200 🕐 3〜6月09:00〜19:00,7〜8月09:00〜20:00,9〜11月09:00〜19:00,12〜2月09:00〜18:00 🈲 全年無休 ₩ 約9,000 🌐 sanghyowon.com

◎ 濟州冬柏樹木園

**2月
이월**

梅花/매화
開花期:2月

北部　　東部

漢拿山

西部

南部

①

②

③⑤

④

2～3月初期間濟州的大地逐漸染成粉紅色，2月初開始，翰林公園和休愛里自然生態公園都會舉辦梅花節慶典，西歸浦七十裏詩公園亦是觀賞梅花的名所。

① 翰林公園
한림공원
#梅花慶典
📍 제주 제주시 한림읍 한림로300 📞 064-796-0001
🕐 12～1月09:00～18:00，2～3月08:30～18:30，4～9月08:30～19:00；暑假(7/26～8/18)08:30～19:30，冬季10～11月08:30～19:00 🚫 全年無休
💰 19歲以上12,000，65歲以上10,000，青少年8,000，兒童7,000 🌐 www.hallimpark.co.kr

② NORI梅公園
노리매
#梅花公園
📍 제주 서귀포시 대정읍 중산간서로2260-15 📞 064-792-8211 🕐 每天09:00～18:00 💰 成人9,000，長者6,000，青少年6,000，兒童5,000 🌐 www.norimae.com

③ 西歸浦七十裏詩公園
서귀포칠십리시공원
#第6號偶來小路上的梅花公園
📍 제주 서귀포시 서홍동 576-9 📞 064-760-3191

④ 休愛里自然生態公園
휴애리자연생활공원
#梅花慶典
📍 제주 서귀포시 남원읍 신례동로256 📞 064-732-2114 🕐 每天09:00～18:00 🚫 年無休 💰 成人13,000，青少年11,000，兒童10,000 🌐 www.hueree.com

⑤ 傑梅生態公園
걸매생태공원
#天地淵瀑布上流的梅花公園
📍 제주 서귀포시 서홍로 4-42 📞 064-760-3191

3月 삼월

油菜花/유채꽃

開花期：2月底～4月
盛開期：3月底～4月初

北部
東部
漢拏山
西部
南部

　　每年的2月底開始陸陸續續會在路上看到黃色小花生長，這些就是可愛無比的油菜花，在濟州島任何一個角落都可看到小黃花的蹤影，山房山、城山、咸德犀牛峰、牛島，如果以空拍機高空拍攝，會看到濟州被染成一大片鮮黃色。而最著名的鹿山路、櫻花及油菜花同生之絕美長公路，和加時里大型油菜花慶典，都是櫻花、油菜花盛開期必來參觀打卡的地方！

> 貼心叮嚀　以2019年為例，部分花田在1月時已開花，每年花期不一，因此出發前需先查看當地最新花況！

山房山
산방산
#山房山下鮮黃花海
♥ 제주 서귀포시 안덕면 산방로232 ₩ 約2,000 🌐 www.hallimpark.co.kr (詳細介紹請見P.74)

廣峙其海邊
광치기해안
#城山油菜花田
♥ 제주 서귀포시 성산읍 오조리 ₩ 約1,000 (詳細介紹請見P.103)

3 the cloud hotel (旁邊)
더클라우드호텔
#城山日出峰下油菜花田
♥ 제주 서귀포시 성산읍 한도로269-37 ☎ 064-783-8366

4 加時里鹿山路
가시리녹산로
[雪姬推薦]
#櫻花油菜花公路　#賞櫻必到打卡點
♥ 제주 서귀포시 서홍동576-9 ☎ 064-760-3191

咸德犀牛峰海邊
함덕서우봉해변
[雪姬推薦]
#海景油菜花田
♥ 제주 제주시 조천읍 함덕리250-2 (詳細介紹請見P.98)

6 阿父岳
아부오름
#油菜花慶典
♥ 제주 제주시 구좌읍 송당리 산164-4 🌐 www.visitjeju.net/zh ❶ 慶典活動相關資訊每年不一，請上網濟州觀光公社查詢 (詳細介紹請見P.96)

7 屁股水溪谷 (中文月光散步公園)
엉덩물계곡 (중문 달빛걷기)
#偶來小路8號溪谷油菜花田
♥ 제주 서귀포시 색달동3384-4

8 吾羅青麥和油菜花慶典
[雪姬推薦]
오라 청보리&유채꽃축제
#青麥油菜花海
♥ 제주 제주시 연동 산 132 ☎ 010-5390-6000 ₩ 約2,000 🌐 www.visitjeju.net/zh ❶ 慶典活動相關資訊每年不一，請上網濟州觀光公社查詢

9 牛島
우도
#油菜花小島
♥ 제주 제주시 우도면 연평리 (詳細介紹請見P.66)

10 濟州油菜花慶典
[雪姬推薦]
제주유채꽃축제
#著名風車油菜花慶典
♥ 제주 서귀포시 표선면 녹산동381-15 ☎ 064-787-3966 🌐 www.visitjeju.net/zh ❶ 慶典活動相關資訊每年不一，請上網濟州觀光公社查詢

濟州油菜花慶典

杜鵑/진달래

開花期:3月中旬

北部　　東部 ②
　　漢拿山 ①
西部　　南部

　杜鵑花在濟州島漢拿山最為著名,因為在山峰上有一大片紫紅美麗花海,而且就在中途休息室旁,所以這裡亦稱為「杜鵑花田避難所」。

① 杜鵑花田避難所
진달래밭휴게소
#漢拿山杜鵑花

📍 제주 서귀포시 남원읍 영실로 492 📞 064-725-9950 ₩ 約2,000 🌐 www.hallasan.go.kr ℹ 漢拿山有固定登山時間,詳細介紹請見P.58

② 多朗時岳 (月朗峰)
다랑쉬오름 (월랑봉)
#美麗杜鵑花山路

📍 제주 제주시 구좌읍 세화리 산 6 📞 064-710-6043

4月 사월

櫻花/벚꽃

開花期：3月底～4月初
盛開期：開花後一週

北部
東部
漢拿山
西部
南部

春天到韓國必定要追櫻，而濟州是整個韓國最早有櫻花的地方，所以追櫻一族都會由韓國最南邊的濟州開始，一路北上追櫻到江原道。而濟州最為有名的賞櫻勝地，是有「濟州春天最美麗公路」之稱的加時里鹿山路，這裡除了有粉紅色的王櫻花更有鮮黃的油菜花伴隨，在這條長達10公里的公路上都是滿滿的粉紅配鮮黃，是來濟州追櫻必到點，沒有來過鹿山路賞櫻花等於沒有來過濟州！濟州的櫻花有粉紅亦有粉白色，但大部分都是粉白色為主。

① 三姓穴
삼성혈
#韓屋櫻花 #粉白櫻花
📍 제주 제주시 삼성로22 📞 064-722-3315 🕐 每天 09:00～18:00 🎫 成人2,500，青少年1,700，兒童1,000 🌐 www.samsunghyeol.or.kr

② 新山公園
신산공원
#櫻花公園 #粉白櫻花
📍 제주 제주시 일도2동830

③ 典農路(濟州王櫻花慶典)
전농로(제주왕벚꽃축제)
#夜櫻 #濟州櫻花慶典 #粉白櫻花
📍 제주 제주시 전농로 📞 064-728-2751 🌐 www.visitjeju.net/zh ℹ️ 慶典活動相關資訊，請上網濟州觀光公社查詢

④ 濟州綜合競技場
제주종합경기장
#粉白櫻花 #櫻花散步路
📍 제주 제주시 서광로2길24 📞 064-728-3271

⑤ 涯月邑長田里
애월읍장전리
#夜櫻 #濟州櫻花慶典 #粉白櫻花
📍 제주 제주시 애월읍 장전리1363 📞 064-799-1508 🌐 www.visitjeju.net/zh ℹ️ 慶典活動相關資訊，請上網濟州觀光公社查詢

⑥ 濟州大學櫻花道
제주대학교벚꽃길
#濟州櫻花大學 #粉紅櫻花
📍 제주 제주시 제주대학교66

⑦ 濟州大學我羅校園
제주대학교 아라캠퍼스
#濟州櫻花大學 #粉紅櫻花
📍 제주 제주시 제주대학로 102 📞 064-754-2114 🌐 www.jejunu.ac.kr

⑧ Ora Country Club (入口)
오라컨트리클럽 (입구)
#濟州王櫻花八重櫻 #粉紅櫻花
📍 제주 오라남로 130-16 오라컨트리클럽 입구

⑨ 新禮里王櫻花樹原生地
신례리 완벚나무 자생지
#濟州百年櫻花古樹 #粉紅櫻花
📍 제주 제주시 용강동 산14-2

⑩ 漢拿生態林
한라생태숲

#粉紅櫻花　#漢拿山櫻花樹林

📍제주 제주시 516로2596 📞 064-710-8688 🕐 夏季 09:00〜18:00，冬季09:00〜17:00 ㉻ 全年無休 🌐 www.jeju.go.kr/hallaecoforest/index.html

⑪ 中文洞天地淵路(中文中學校附近)
종문동 천제연로 (종문종학교 소재)

#西歸浦賞櫻點　#粉白櫻花

📍제주 서귀포시 종문동2774

⑫ 加時里鹿山路
가시리녹산로

#櫻花油菜花公路　#粉紅櫻花

📍제주 서귀포시 서홍동576-9 📞 064-760-3191 🕐 夏季09:00〜18:00，冬季09:00〜17:00 ㉻ 全年無休 🌐 www.visitjeju.net/zh

⑬ 漢拿樹木園
한라수목원

#唯美散步櫻花公園　#粉白櫻花

📍제주 제주시 수목원길 72 📞 064-710-7575 🕐 04:00〜23:00 ㉻ 全年無休 🌐 sumokwon.jeju.go.kr

⑭ 涯月高等學校
애월고등학교

#涯月櫻花高校　#粉白櫻花

📍제주 제주시 애월읍 일주서로 6372-20 📞 064-797-5100

鬱金香/튤립
開花期：3〜4月

在3〜4月間是鬱金香慶典期，在濟州各大樹木公園都會舉行鬱金香慶典，如翰林公園和上孝園等。

① 翰林公園
한림공원

#鬱金香慶典

📍제주 제주시 한림읍 한림로300 📞 064-796-0001 🕐 12〜1月09:00〜18:00，2〜3月08:30〜18:30，4〜9月08:30〜19:00，暑假期間(7/26〜8/18)08:30〜19:30，冬季旺季10〜11月08:30〜19:00 ㉻ 全年無休 ₩ 成人12,000，65歲以上10,000，青少年8,000，兒童7,000 🌐 www.hallimpark.co.kr

② 上孝園
상효원

#鬱金香慶典

📍제주 서귀포시 산록남로 2847-37 📞 064-733-2200 🕐 3〜6月09:00〜19:00，7〜8月09:00〜20:00，9〜11月09:00〜19:00，12〜2月09:00〜18:00 ㉻ 全年無休 ₩ 約9,000 🌐 sanghyowon.com

涯月高校櫻花路

鬱金香慶典

紅葉石楠/홍가시나무

生長期:5～6月

紅葉石楠是常綠小喬木,高度大約有4～6公尺,它的新梢和嫩葉呈鮮紅色,故亦稱為紅葉之王。在HELLO KITTY ISLAND附近的松下農場就是當地人最新熱捧的紅葉石楠農場,遊客比較少可讓你盡興拍照,是濟州5月限定的火紅美景打卡熱點。

1 Hello Kitty Island旁
헬로키티아일랜드점
#火紅葉道路
◉ 제주 서귀포시 안덕면 한창로340

3 紅葉石楠路 (濟洲耽羅大學)
홍가시나무길 (제주탐라대학교)
#紅葉圍牆
◉ 제주 서귀포시 1100로506

2 松下農場 雪推姬薦
송하농장
#豔麗火紅葉農場
◉ 제주 서귀포시 안덕면 상창리1978-5 ₩ 10,000/位

4 WE Hotel(入口)
WE호텔(입구)
#火紅葉小路
◉ 제주 서귀포시 회수동

楊貴妃花/양귀비꽃

開花期:5～6月

鮮紅奪目的花朵有著中國傳奇大美人的名字:楊貴妃,在濟州很多植物園也有種植,楊貴妃更是近年韓國人喜歡打卡自拍合影的花卉。

1 翰林公園
한림공원
#楊貴妃慶典
◉ 제주 제주시 한림읍 한림로300 ☎ 064-796-0001
🕐 12～1月09:00～18:00,2～3月08:30～18:30,4～9月08:30～19:00;暑假(7/26～8/18)08:30～19:30,冬季10～11月08:30～19:00 ㊗ 全年無休
₩ 19歲以上12,000,65歲以上10,000,青少年8,000,兒童7,000 ⊕ www.hallimpark.co.kr

2 濟州缸坡頭里抗蒙遺蹟 雪推姬薦

제주 항파두리 항몽유적지
#楊貴妃慶典
◉ 제주 제주시 애월읍 항파두리로50 ☎ 064-728-8641 🕐 每天09:00～18:00 ⊕ www.visitjeju.net/zh ℹ 慶典活動相關資訊每年不一,請上網濟州觀光公社查詢

青麥/청보리
生長期：4～5月

　　4月是風吹過綠悠悠的青草季節，4月中旬到5月中旬就是到加波島參加青麥慶典的時候，而到了4月底開始，吾羅洞的蕎麥花田旁都會生長出一片青蔥青麥海。

▶ **加波島青麥慶典** 雪姬推薦
가파도청보리축제
#青麥海　#青麥小島　#青麥慶典
📍 제주 서귀포시 대정읍 가파로91번길 51 가파도 일원
🕐 自由參觀，但須配合來往加波島的渡輪行駛時間
ℹ️ 慶典活動相關資訊每年不一，請上網濟州觀光公社查詢

2 吾羅青麥和蕎麥花慶典 雪姬推薦
오라 청보리&메밀꽃축제
#青麥蕎麥花海
📍 제주 제주시 연동 산132 ₩ 2,000 🌐 www.visitjeju.net/zh ℹ️ 慶典活動相關資訊每年不一，請上網濟州觀光公社查詢

▶ **Lets Run Park Jeju**
렛츠런파크제주
#賽馬公園油菜花田
📍 제주 제주시 애월읍 유수암리1206 📞 064-786-8114 🕐 每天09:00～18:00 ₩ 2,000 🌐 park.kra.co.kr/jeju_main.do

歐亞香花介(藍香介)/딤스로켓
開花期：5月

　　由2019年春天才首次引入濟州的新花種，被稱為紫色油菜花的歐亞香花介，最近亦成為了韓國人的新寵兒。

1 風吹的原野 (Boromwat) 雪姬推薦
보롬왓
#紫色油菜花
📍 제주 서귀포시 표선면 번영로2350-104 📞 064-796-0001 ₩ 3,000 🕐 每天09:00～18:00 🌐 story.kakao.com/ch/jejuhanul/feed(詳細介紹請見P.130)

📍松下農場 ●紅葉石楠

📍濟州缸坡頭里抗蒙遺蹟 ●楊貴妃花

📍吾羅青麥和蕎麥花慶典 ●青麥

📍風吹的原野 ●歐亞香花介

6月
유월

繡球花/수국
開花期：5月底～7月

11
12
13
3
10
7
東部
5
北部
6
漢拿山
西部
9
南部
2
1
8
14

　　繡球花(又名水菊)剛長出時呈現青綠色，盛放時會變得比較大球，此外顏色亦比較粉嫩，而到後期顏色會慢慢變深。太陽長期曝曬、大雨傾襲或過於寒冷，都會讓繡球花凋謝，因此要賞最美的繡球花就要看當時的天氣狀況了。

休愛里自然生態公園
휴애리자연생활공원
雪姬推薦

#繡球花草家屋　#繡球花慶典

📍 제주 서귀포시 남원읍 신례동로256 📞 064-732-2114 🕐 每天09:00～18:00 🈺 全年無休 💰 成人13,000，青少年11,000，兒童10,000 🌐 www.hueree.com

山茶花之丘
카멜리아힐
雪姬推薦

#繡球花玻璃溫室牆　#繡球花慶典

📍 제주 서귀포시 안덕면 병악로166 📞 064-792-0088 🕐 冬季12～2月08:30～17:00，夏季3～5月08:30～17:30，夏季6～8月08:30～18:00，秋季9～11月08:30～17:30 🈺 全年無休 💰 約8,000 🌐 www.camelliahill.co.kr

終達里海岸路
해맞이해안로
雪姬推薦

#繡球花海岸路　#牛島大海繡球花

📍 제주 제주시 구좌읍 종달리150

4 安德面行政福祉中心前面
안덕면행정복지센터
雪姬推薦

#唯美的繡球花巴士站

📍 제주 서귀포시 안덕면 화순서서로74 📞 064-760-431

5 婚姻池
혼인지

#繡球花庭院

📍 제주 서귀포시 성산읍 혼인지로39-22 📞 064-710-6798 🕐 08:00～17:00

6 翰林公園
한림공원

#植物公園繡球花慶典

📍 제주 제주시 한림읍 한림로300 📞 064-796-0001 🕐 12～1月09:00～18:00，2～3月08:30～18:30，4～9月08:30～19:00，暑假期間(7/26～8/18)08:30～19:30，冬季旺季10～11月08:30～19:00 🈺 全年無休 💰 成人12,000，65歲以上10,000，青少年8,000，兒童7,000 🌐 www.hallimpark.co.kr

7 風吹的原野繡球花路
보롬왓 수국길

#6月薰衣草繡球花

📍 제주 서귀포시 표선면 번영로2350-104 📞 064-796-0001 🕐 每天09:00～18:00 🈺 不固定休 💰 3,000 🌐 story.kakao.com/ch/jejuhanul/feed (詳細介紹請見P.130)

8 沙溪里繡球花路
사계리 수국길

#繡球花公路

📍 제주 서귀포시 안덕면 사계리3635

9 大靜邑安城里繡球花路
대성읍 안성리 수국길
雪姬推薦

#超美繡球花村莊路

📍 제주 서귀포시 대성읍 안성리998

10 榧子林入口附近
비자림 입구

#樹林中的繡球花路

📍 제주시 구좌읍 비자림로2244

⑪ 金寧里繡球花路 (金寧教會)
김녕리수국길 (김녕교회)
#繡球花公路
📍 제주 제주시 구좌읍 김녕로14길41

⑫ 下道里繡球花路 (下道小學前)
하도리수국길 (하도초등학교)
#人氣海邊繡球花道路
📍 제주 구좌읍 일주동로3378

⑬ 終達里繡球花Perm
종달리 수국 파마/팜
#可愛繡球花燙髮
📍 제주 제주시 구좌읍 종달로46

⑭ 為美里繡球花路
위미리 수국길
雪推姬薦
#神祕壯麗繡球花牆道路
📍 제주 서귀포시 남원읍 위미리668-4

薰衣草/라벤더
開花期:6~7月初

北部　東部　① 　漢拿山　西部　南部

　　浪漫芳香的薰衣草香氣在6月分的濟州島上就能感受到了,濟州島上唯一的薰衣草園就是 Boromwat。

① 風吹的原野 (Boromwat)
보롬왓
雪推姬薦
#濟州島唯一的薰衣草花海
📍 제주 서귀포시 표선면 번영로2350-104 📞 064-796-0001 🕐 每天09:00~18:00 💰 3,000 🌐 story.kakao.com/ch/jejuhanul/feed （詳細介紹請見 P.130）

📍 大靜邑安城里繡球花路

📍 風吹的原野

📍濟州缸坡頭里抗蒙遺蹟

7月 칠월

向日葵/해바라기
開花期:6～10月

北部
① ②
東部
漢拿山
西部
南部

　炎熱暑假,像太陽一樣燦爛盛開的是向日葵,陽光普照的日子,花朵都正面的迎向太陽到來,暑假時在金京淑向日葵農場有著一大片向日葵花田,而到9月起外島加波島亦會舉辦向日葵慶典。

❶ 金京淑向日葵農場
雪推姫薦
김경숙 해바라기농장
#網紅向日葵農場

📍 제주 제주시 번영로854-1 📞 064-721-1482 ₩ 3,000

❷ 濟州缸坡頭里抗蒙遺蹟
제주 항파두리 항몽유적지
#向日葵慶典

📍 제주 제주시 애월읍 항파두리로50 📞 064-728-8641 🕐 每天09:00～18:00 🌐 www.visitjeju.net/zh ℹ️ 慶典活動相關資訊每年不一,請上網濟州觀光公社查詢

📍濟州月令里仙人掌群落地

仙人掌/선인장

生長期：7～8月

　　不只沙漠才會發現仙人掌的蹤影，在濟州西面的偶來小路14號的路途中都會遇上獨特的仙人掌群，是在炎夏暑假期間就會一顆顆生長可愛的長刺植物。

北部　　　東部

1　　漢拿山

西部　　南部

1 濟州月令里仙人掌群落地
제주 월령리 선인장 군락지
#男神孔劉epigram廣告拍照地
📍 제주 제주시 한림읍 월령리 359-4

波斯菊

Q 濟州缸坡頭里抗蒙遺蹟

8月
팔월

波斯菊/코스모스
開花期：8～9月

```
   ①
   ③    東部
②  北部
   漢拿山
西部  南部
      ④
```

　　繽紛可愛的小菊花波斯菊，2018年暑假開始突然成為了韓國人的新寵兒，全國各地都種植起大型的波斯菊田，橘子色和粉紅色的小花朵，怎樣拍都清新可愛。

① 咸德犀牛峰海邊　雪姬推薦
함덕서우봉해변

#海景波斯菊花海

Q 제주 제주시 조천읍 함덕리250-2　☎ 064-783-8014
（詳細介紹請見P.98）

② 濟州缸坡頭里抗蒙遺蹟　雪姬推薦
제주 항파두리 항몽유적지

#網紅波斯菊花田

Q 제주 제주시 애월읍 항파두리로50　☎ 064-728-8641　🕐 每天09:00～18:00　🌐 www.visitjeju.net/zh　ℹ 慶典活動相關資訊每年不一，請上網濟州觀光公社查詢

③ 濟州燒酒工廠　雪姬推薦
제주소주

#波斯菊慶典

Q 제주시 조천읍 중산간동로1028　☎ 064-760-8888

④ 加波島波斯菊慶典
가파도코스모스축제

#冬柏茶梅樹林

Q 제주 서귀포시 대정읍 가파로91번길 51 가파도 일원
🕐 自由參觀，但須配合來往加波島的渡輪行駛時間
🌐 www.visitjeju.net/zh　ℹ 慶典活動相關資訊每年不一，請上網濟州觀光公社查詢

蓮花/연꽃

開花期：7～8月

　　在涯月多樂分校附近的下加里蓮花村內的蓮花池，是濟州最大最著名的蓮花池，附近池塘旁的景觀咖啡店坐擁廣闊蓮花池景，可以邊賞花邊享受悠閒時光。

1 山陽里蓮花池
산양리 연화못
#村鎮蓮花池

📍 제주 제주시 한경면 청수리3333-1 📞 054-728-8818

2 下加里蓮花村 *雪姬推薦*
하가리연꽃마을
#濟州人氣涯月蓮花池

📍 제주 제주시 애월읍 하가리1569-2번지

3 法華寺 *雪姬推薦*
법화사
#700年歷史的蓮花池

📍 제주 서귀포시 하원동1071-1 📞 064-738-5225

4 Hello Namseang
헬로남생이
#蓮花池咖啡店

📍 제주 제주시 조천읍 원당북로197-20 📞 064-784-7300 🕐 每天10:30～22:00 🕐 全年無休 📷 hello_namsaengi

北部
東部
漢拿山
西部
南部

Ｑ 吾羅蕎麥花慶典

蕎麥花/메밀꽃

9月
구월

開花期：5～6月、9～10月

說到蕎麥花，想必第一時間想到經典韓劇《鬼怪》，浪漫清純的白色小花，成為大家心目中浪漫愛情故事的必需品，韓國的情侶們都喜歡在蕎麥花海中約會美拍，留下一生中最美好的人生照。蕎麥花在盛放期間，跟3月的油菜花一樣遍布整個濟州，到處都不難找到蕎麥花的蹤影。

① 吾羅蕎麥花慶典

오라 메밀꽃축제

#本地人最愛浪漫蕎麥花海

Ｑ 제주 제주시 연동 산132 ₩ 2,000 ⊕ www.visitjeju.net/zh ❶ 慶典活動相關資訊每年不一，請上網濟州觀光公社查詢

② 阿父岳

아부오름

#蕎麥花慶典

Ｑ 제주 제주시 구좌읍 송당리 산164-4 ⊕ www.visitjeju.net/zh ❶ 慶典活動相關資訊每年不一，請上網濟州觀光公社查詢(詳細介紹請見P.96)

③ 風吹的原野(Boromwat)

보름왓

#紫芒蕎麥花拼接

Ｑ 제주 서귀포시 표선면 번영로2350-104 ☎ 064-796-0001 ❶ 每天09:00～18:00 ₩ 3,000 ⊕ story.kakao.com/ch/jejuhanul/feed (詳細介紹請見P.130)

Ｑ 吾羅蕎麥花慶典

Q 曉星岳

芒草/억새꽃

生長期:9～12月

　　隨風飄逸的長芒草,每年都有大批韓國人去美拍,長長的芒草布滿了整個山頭,而濟州的芒草觀賞名所必定是山君不離和曉星岳。

北部 　東部

② ⑤

漢拿山 　⑤
　　④ ③

西部 　①

南部

① **曉星岳**
새별오름

#紫芒山岳 #《孝利家民宿》拍攝點

Q 제주 제주시 애월읍 봉성리 산59-3 📞 064-728-2752 (詳細介紹請見P.99)

② **山君不離**
산굼부리

#網紅紫芒古蹟山

Q 제주 제주시 조천읍 교래리166-2 📞 064-783-9900 🕐 3～10月09:00～18:40,11～2月09:00～17:40 🪙 成人6,000,青少年(14～18歲)4,000,兒童(滿4～13歲)3,000 🌐 www.sangumburi.net(詳細介紹請見P.102)

③ **瀛州山**
영주산

#野山紫芒原野

Q 제주 서귀포시 표선면 성읍리 산18-1 📞 064-710-6043

④ **多羅非岳**
따라비오름

#野山紫芒原野

Q 제주 서귀포시 표선면 가시리 산63 📞 064-760-2655

⑤ **風吹的原野(Boromwat)**
보롬왓

#紫芒蕎麥花拼接

Q 제주 서귀포시 표선면 번영로2350-104 📞 064-796-0001 🕐 每天09:00～18:00 🪙 3,000 🌐 story.kakao.com/ch/jejuhanul/feed (詳細介紹請見P.130)

Q 山君不離

10月
시월

粉紅亂子草/핑크뮬리
生長期:9月底～11月初

北部　東部

漢拿山

西部　南部

2017年秋天首次引入濟州的粉紅亂子草,除了讓韓國人為它瘋狂美拍外,亦吸引了大量遊客遠道而來,為的就是一睹這壯觀而美麗的輕飄粉紅浪漫草海。

▶ 去北村的話
雪姬推薦
북촌에가면

#濟州最大粉紅亂子草田

📍 제주 제주시 조천읍 북촌5길6 📞 064-752-1507 🕐 每天10:00～18:00 Ⓦ 每人需購買一杯飲料方可進場拍攝 ◎ mrs.bookchon

2 manoreu blanc
雪姬推薦
마노르블랑

#山房山粉紅亂子草田

📍 제주 서귀포시 안덕면 일주서로2100번길46 📞 064-794-0999 🕐 每天10:00～21:00 Ⓦ 每人需購買一杯飲料方可進場拍攝 🌐 manorblanc.modoo.at

▶ kitchen oz
키친오즈

#粉紅亂子草咖啡店

📍 제주 제주시 한림읍 협재로20 📞 064-796-7165 🕐 每天11:00～18:30 Ⓗ 週二 Ⓦ 每人需購買一杯飲料方可進場拍攝 ◎ jejuoz

4 濟州香草樂園
제주허브동산

#粉紅亂子草庭園小山丘

📍 제주 서귀포시 표선면 표선리2608 📞 064-787-7362 🕐 每天09:30～22:00 Ⓗ 全年無休 Ⓦ 成人12,000,青少年10,000,兒童(3～13歲)9,000 🌐 www.herbdongsan.com

5 休愛里自然生態公園
雪姬推薦
휴애리자연생활공원

#粉紅亂子草慶典

📍 제주 서귀포시 남원읍 신례동로256 📞 064-732-2114 🕐 每天09:00～18:00 Ⓗ 全年無休 Ⓦ 成人13,000,青少年11,000,兒童10,000 🌐 www.hueree.com

6 咸德犀牛峰海邊
雪姬推薦
함덕서우봉해변

#海景紅亂子草

📍 제주 제주시 조천읍 함덕리250-2 📞 064-783-8014 (詳細介紹請見P.98)

📍 去北村的話

● 紅葉

銀杏

📍 天娥林蔭路天娥溪谷

📍 濟州大學教師公寓進入路

11月
십일월

紅葉/단풍
紅葉期：11月中旬開始

說到紅葉絕對會想到漢拿山，秋天時整個山頭都是一大片紅葉美景，想要細看紅葉風景，可以直接登山漫步。如果時間和體力都有限的話，也可只登御乘生岳這條初階登山路，這裡亦可觀賞到漢拿山的紅葉魅力。

1 漢拿山
한라산
#絕美紅葉秋景

📍 제주 제주시 1100로 2070-61 🌐 www.hallasan.go.kr (詳細介紹請見P.58)

2 御乘生岳
어승생악정상
#初階登山路賞楓路線

📍 제주 제주시 해안동 산218 📞 064-713-9952 🌐 www.hallasan.go.kr (詳細介紹請見P.58)

3 新山公園
신산공원
#市區賞楓

📍 제주 제주시 일도이동830

4 Eco Land Park
에코랜드
#紅葉叢中小火車

📍 제주 제주시 조천읍 번영로1278-169 📞 064-802-8020 🕐 每天08:30～18:00 🚫 全年無休 💰 成人14,000，青少年12,000，兒童10,00 🌐 theme.ecolandjeju.co.kr (詳細介紹請見P.132)

5 思連伊林蔭路
사려니숲길
#非常夢幻的秋葉林蔭路

📍 제주 제주시 조천읍 교래리 산137-1 📞 064-900-8800 🕐 夏季16:00以前入場，冬季15:00以前入場 (詳細介紹請見P.104)

6 天娥林蔭路天娥溪谷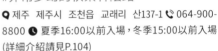
천아숲길 천아계곡
#祕景紅葉溪谷

📍 제주 제주시 애월읍 봉성리 산 1 📞 064-738-4280 🌐 www.hallatrail.or.kr

銀杏/은행나무
黃葉期：11月

在濟州島上種植銀杏樹的地方不多，但其中最美的黃色樹道路就在濟州大學附近，進入教師公寓前的道路上，兩旁都種了銀杏樹，秋遊濟州當然要來找這裡極稀罕的銀杏樹路打卡啊！

1 濟州大學教師公寓進入路
제주대학교 교수아파트 진입로
#濟州大學銀杏路

📍 제주 제주시 제주대학로64-29 📞 064-710-6043

2 翰農火山口
하논분화구
#百年古火山銀杏樹 #偶來小路7-1號

📍 제주 서귀포시 호근동194-1 📞 064-733-2912

● 柑橘

● 曬橘子皮

🔍 新川牧場

12月
십이월

柑橘/감귤
盛產期：10～2月

濟州島是著名的橘子小島，自古以來到處都生長著不同種類的橘子樹，當地獨有的就是漢拿峯橘子，韓國人來濟州度假都愛到橘子園體驗採橘子，而且大部分的橘子園都會布置得美美的以供客人美拍。秋天是美味柑橘的盛產期，到了冬天還可拍攝到冬雪襯著一顆顆鮮豔橘子的獨特美景。

① E in 柑橘田 [雪姬推薦]
에인감귤밭
#網紅人氣橘子園咖啡店

📍 제주 서귀포시 호근서호로20-14 📞 010-2822-1787
🕐 10:00～18:00 🚫 週三 💰 每人需購買一杯飲料方可進場拍攝 ◎ jejue_in_farm

② 柑橘博物館
감귤박물관
#柑橘主題博物館

📍 제주 서귀포시 효돈순환로441 📞 064-767-3010 🕐 09:00～18:00 🚫 韓國節日元旦、春節、中秋 💰 成人1,500，青少年1,000，兒童(7～12歲)800 ◎ itrus.seogwipo.go.kr

③ 小王子柑橘田
어린왕자 감귤밭
#草泥馬可愛柑橘咖啡店

📍 제주 서귀포시 대정읍 추사로36번길45-6 📞 010-3393-3132 🕐 09:00～18:30 🚫 韓國節日元旦、春節、中秋 💰 每人需購買一杯飲料方可進場拍攝 ◎ jeju.limjjol

④ 橘鄉企營農合作社法人 [雪姬推薦]
귤향기영농조합법인
#「孝利家民宿」拍攝點

📍 제주 제주시 1100로3118 📞 064-746-4640 🕐 09:00～17:00 💰 採柑橘體驗10,000/公斤 (詳細介紹請見P.82)

⑤ Analogue 柑橘農場 [雪姬推薦]
아날로그 감귤밭
#網紅人氣橘子園

📍 제주 제주시 해안마을8길4 📞 070-8285-2811 🕐 每天10:00～18:00 🚫 週二 💰 每人需購買一杯飲料方可進場拍攝 ◎ blog.naver.com/wannabelej (詳細介紹請見P.112)

曬橘皮/감귤피
乾曬期：12～1月

濟州最獨特的冬季風景就是大海旁的一大片橘子皮海，壯觀鮮豔的橘子皮鋪滿在地上進行乾曬的畫面，亦成為了冬遊濟州必來的打卡點。另外，需留意因為乾曬的位置都在海邊，天氣冷之餘風勢也特別強，要多穿保暖衣服。

① 新川牧場
신천목장
#海邊壯觀橘子皮滿地

📍 제주 서귀포시 성산읍 신천리1 📞 010-6623-3322 ❗ 牧場沒有開放，遊客只能在牧場圍欄外觀賞拍照

THEME 2

世遺古蹟之旅

　　濟州島上擁有全世界所有自然景觀，例如島嶼、火山、瀑布、海灘、國家公園、洞穴以及森林。在2002年濟州島已成為聯合國教科文組織指定為生物圈保護區，在2007年被列入世界自然文化遺產名單內，接著，2010年成為了世界地質公園的一員，2016年濟州島的海女文化更被認定為受保護非物質文化遺產，是世界上唯一能同時達到上述指標的地方。

　　到濟州島首先就要體驗大自然的壯麗，觀看濟州島的海岸線美景，欣賞一下小島獨有的景觀，再看看瀑布的震撼，還有一定要了解海女們的生活日常等，這些都是來到這裡必走的基本行程，沒有到過這些世遺古蹟景點等同沒有來過濟州島。

● 鋪滿白雪的漢拿山非常適合打卡拍照

● 冬天的漢拿山非常寒冷,要做足保暖的準備

Q 제주 제주시 1100로2070-61 📞 漢拿山國立公園(御里牧)064-713-9950-3,城板岳辦公室064-725-995,靈室辦公室064-747-9950,觀音寺地區諮詢處064-756-9950,頓乃克064-710-6920 🕐 漢拿山上山時間:冬季(11～2月)06:00後、春秋季(3～4月、9～10月)05:30後、夏季(5～8月)05:00後 🌐 www.hallasan.go.kr ❶ 入山、下山時間請上官網查詢

孕育出濟州島的神之山

漢拿山是濟州島最高的山脈,高達1,950公尺高,位於濟州島的正中心,被當地人民稱為「神之山」, 就像母親一樣環抱著整片濟州島的大地,守護著濟州島的島民。這裡由數之不盡的樹石森林、平原、溪谷及村落組成。濟州島民常說漢拿山就是濟州島,濟州島就是漢拿山。

漢拿山的登山路線有多條,包括御里牧(어리목)、靈室(영실)、城板岳(성판악)、石窟庵(석굴암)、觀音寺(관음사)、御乘生岳(어승생악)和頓乃克(돈내코)共7條。而當中御里牧和靈室路線是最美且最容易完成的,也因此是最多人走的路線,但可惜的是這兩條路線都不能登頂。如果你不需要一定登頂或是到白鹿潭,推薦大家走由靈室上山再由御里牧下山路線。

● 御乘山岳的入口就是一條長長的木梯,冬天時會有厚厚積雪,所以登山時必須配備防滑釘鞋套

● 御里牧路線的初段都是叢林看上都差不多,但只要走大概15分鐘,就會看到不一樣的景致

漢拿山簡易登山路線
遊韓部落客「莎拉韓情」推薦！

> **莎拉韓情小檔案**
> 　　莎拉，來自香港的韓國人妻兼著名遊韓部落客，曾經寄宿於當地家庭，並愛上濟州的風土民情。喜歡接觸大自然，上山下海爬山越嶺的活動都難不倒她，還曾經與韓國當地人一起登上漢拿山。
> f sarahkoreatravel
> ⓑ sarahkoreatravel.blogspot.com

以下就請莎拉為大家介紹漢拿山的登山體驗！

建議登山路線

「最美景色：靈室路線上山，
最易走：御里牧路線下山」

　　登漢拿山需時一整天，未必每個人都能夠應付。我推薦只要走靈室路線和御里牧路線，便可大致認識漢拿山。靈室路線距離最短，可欣賞到濟州10景之一的「靈室奇巖」，數百個佇立的岩石看起來有如五百羅漢像，也就是雪門台婆婆的499個兒子。靈室路線也是漢拿山欣賞楓葉最美的路線，但這條路線山勢陡峭，攀爬不易，許多登山客會選擇以靈室路線上山，御里牧路線下山。「御里牧路線」和「靈室路線」最後均會在「威勢岳蔽護所」(윗세오름대피소)交會，不過要留意的是這兩條路線都不能攻頂。

前往登山的方式

　　靈室售票處和登山路入口有一段距離，約2.5公里。因此利用巴士進行交通接駁的話，在靈室售票處巴士站下車後，還要走好一段路才到登山路入口。沿途的指標告示牌附有4種語言，韓、英、中、日，指示都很清楚。登山路入口處有停車場，自駕或包車的朋友就可以省去靈室售票處至登山路入口這段路。停車場附近有商店，可以事先準備物資。附近也有洗手間，從這兒起至威勢岳休息站為止，徒步約3.7公里，都沒有洗手間，所以記得先去一下喔！

靈室上山路線

路段

靈室入口 ▶ 威勢岳蔽護所，共4公里(約需1小時30分鐘) ▶ 南壁分岔點共2.1公里(約需1小時)

中途洗手間

靈室入口至南壁分岔點間唯一的洗手間就在威勢岳蔽護所，途中沒有其他洗手間。

御里牧下山路線

路段

御里牧入口 ▶ 威勢岳蔽護所，共5公里(約需2小時) ▶ 南壁分岔點共2.1公里(約需1小時)

中途洗手間

御里牧入口至南壁分岔點間唯一的洗手間就在威勢岳蔽護所，途中沒有其他洗手間。

● 靈室登山路線和御里牧登山路線的交會點樹立了威勢岳的木刻，木刻的背景就是漢拿山

登山注意事項

1) 請遵守登山限制日落後至日出前2小時(日落2小時前禁止上山)
   *旅客登山皆以當天往返為原則,日落前必須下山,而根據節不同,入山管制時間也不盡相同

2) 登山路入口有顯示通行時間,需要於指定時間內到達,才能通過,如果超時了,就會有個寫著「超過時間,不能登山」的牌子。

● 漢拿山上每年的4～5月都會開滿杜鵑花

3) 雖說漢拿山的登山路較完善好走,但路段長,登山需時較久。因此請勿穿著皮鞋或拖鞋上山,當然穿專用的登山鞋最為理想。如果不常登山的人,沒有登山鞋就穿舒服的運動鞋。

4) 如有需要,尤其是年長者、腳力沒有很好的朋友,建議準備登山杖以作輔助,可更為輕鬆。

5) 請愛護環境,互助互愛,把垃圾自行攜帶下山,勿造成他人的負擔!

6) 有些朋友喜歡邊走邊聽收音機或音樂,請為他人著想,使耳機喔。

● 通往威勢岳蔽護所的路上可觀賞美麗的山景

7) 敬請量力而為,高血壓、心臟疾病、糖尿、高山症、膝蓋關節疾病的朋友要多留意自身狀況,注意安全。

8) 沿途會有緊急公共電話,雖然海外遊客通常難以直接致電求救,但是也不妨知道有這資訊,有需要時亦可請求旁人助。

9) 這裡是世界自然遺產,務必小心山火,不能煮食、吸菸或引起火種。山火只需一瞬間,但卻需要花上一生時間復原!

漢拿山上的濟州10景之一「靈室奇巖子」

拒
文
岳

거문오름

東部

拒文岳山頂的觀景台可以一次飽覽濟州東部19個山岳的壯觀美景

● 拒文岳展覽館內的設計別具風格

旅遊路線

• 攻頂路線

自由探訪，約1.8公里，約需1小時

遺產中心入口 ▶ 第1龍(黑龍上天峰) ▶ 觀景台 ▶ 三岔路 ▶ 探訪路出口(山頂) ▶ 參觀遺產中心

• 火山口路線

有解說員隨行，約5.5公里，約需2小時30分鐘

遺產中心入口 ▶ 第1龍 ▶ 觀景台 ▶ 三岔路 ▶ 熔岩峽谷 ▶ 卵岳觀景台 ▶ 火窯址 ▶ 火山彈 ▶ 善屹垂直洞窟 ▶ 探訪路出口(山頂) ▶ 參觀遺產中心

• 整體(太極路)路線

約10公里，約需3小時30分鐘

遺產中心入口 ▶ 第1龍 ▶ 觀景台 ▶ 三岔路 ▶ 熔岩峽谷 ▶ 卵岳觀景台 ▶ 火窯址 ▶ 火山彈 ▶ 善屹垂直洞窟 ▶ 第9龍 ▶ 第2龍 ▶ 遺產中心出發入口 ▶ 參觀遺產中心

韓 國生態觀光10大模範之一

拒文岳海拔456公尺，位於濟州市朝天邑內的火山岳，拒文岳的形成已經有10萬年之久，噴火口噴出的岩漿浴海往東北流動形成其獨特的地形，故當地人稱之為「善屹岬」。當時岩漿流動形成了很多大大小小的特色洞窟，而最著名的就是「萬丈窟」。

拒文岳於2007年被納入為UNESCO世界自然遺產，並規畫各式生態探訪路線，是國內外旅客必到的觀光景點。走訪在拒文岳中會經過不同種類的樹木林，例如杉樹林、灌木林等，全部都生長得既翠綠又茂密。沿途亦會發現不同種類的昆蟲和雀鳥，這裡就像是濟州島上孕育大自然的寶庫，愛好欣賞大自然生態美景的人絕對不能錯過！如果時間不多的話可以只走攻頂路線，只需1個小時左右便能完成，登頂後可同時觀賞到濟州東部19個山岳的壯觀美景，適合家長帶小孩一起登山遊。

拒文岳展覽館內有4D影院可以觀看濟州島傳說的4D微電影，雖然都是韓文，但精采且非常容易理解，十分推薦。

📍 제주 제주시 조천읍 선교로 569-36 📞 064-710-8981 🕐 濟州世界自然遺產中心開館時間09：00～18：00，拒文岳探訪出發時間09:00～12:00間，每30分鐘一次，請務必事前預約 🚫 週二(自然休息日)、元旦、春節(當天與翌日)、中秋節(當天)。若天候不佳時全面管制禁止進入 💰 拒文岳探訪：成人2,000，青少年及兒童1,000；濟州世界自然遺產中心：成人3,000，青少年及兒童2,000 🚌 搭乘巴士211、221號到達拒文岳入口(거문오름입구)站下車，再步行約15分鐘

城山日出峰

성산일출봉

東部

●登山路都是岩石階梯，走到山腰位置時會比較難走

●城山入口的左邊是海女秀的表演場地

濟州最美日出觀賞點

📍 제주 서귀포시 성산읍 일출로 284-12 📞 064-783-0959 🕐 4～10月07:00～20:00，11～3月07:30～19:00(以上為入場時間，建議提早15～20分鐘造訪以便購票) 🈚 全年無休 💰 成人5,000，青少年及兒童2,500 🚌 搭乘巴士111、112號到城山日出峰入口(성산일출봉입구)站下車，再步行約10分鐘

　　火山是濟州島的母親，孕育著漢拿山、白鹿潭以及各式各樣的火山丘絕景。城山日出峰是UNESCO世界自然遺產，同時亦是天然紀念物第420號，是5000年前火山爆發所形成的高聳巨岩，之後沙子碎石在新陽海水浴場與島嶼間長期積累，而變成現在的相連地形。火山口的直徑寬度就足足有600公尺，所以城山日出峰的形成與漢拿山不同，它是海底火山噴發後而形成的火山巨岩。

　　在城山日出峰頂端，可以欣賞到全濟州最美的日出，這裡的日出景致更是濟州十大美景之最。徒步走到山頂只需20分鐘左右；來回走完全程，加上沿途拍照打卡大概需時1.5小時，走到山頂時可觀賞到山下一大片的騎馬草原及蔚藍的海平線，在得天獨厚的山頂上還可以一次把牛島以及濟州東部的獨特美景盡收眼底。這裡不僅是日出美，城山日出峰上的美景不論何時來看都會令人讚歎不已，到濟州沒有上過城山就等於沒有來過啊！

●城山日出峰的山頂風景是如此的美麗

牛島 우도

東部

●春天時整個牛島都開滿了油菜花

●西濱白沙就在牛島碼頭旁邊，沙灘上還有海女石像

●牛島上可租用電動車環島　　●牛島渡輪內都是席地而坐　　●城山浦碼頭購票櫃位　　●前往牛島的渡輪

● 東岸鯨窟旁的黑沙海水浴場

● 東岸鯨窟是韓國人喜愛的牛島打卡位置

魅力無限的小島

牛島位於濟州島的東面，有「島中之島」的稱號，由於小島的形狀像一頭臥牛而得名。從城山浦坐渡輪15分鐘左右便能到達，如果初次去牛島可以乘搭島上的觀光巴士，車上會有導遊講解牛島的故事和美景，而且觀光巴士是循環路線，大家只要在固定時間、固定車站乘車即可。如果想自由自在逛牛島，可以租借腳踏車、電動腳踏車或電動車(遊客必須持有有效的國際駕照，但台灣的駕照暫不認可，故不能使用電動車)代步，租車店就在碼頭旁，環島一週後回程還車便可上船離開。

遊牛島要預留一天的時間，因為要逛完「牛島八景」真的一天才足夠，其中「西濱白沙」是指牛島西邊的東天津洞到上牛牧洞一帶的珊瑚沙灘，是東洋唯一的珊瑚沙海灘，在2004年被指定為第438號的天然紀念物，這裡的沙粒非常細滑潔白，來這裡的人都會脫下鞋子親身感受一下牛島美麗白沙的質感。另外還有「東岸鯨窟」，相傳鯨窟的盡頭住了一條鯨魚而得名，而在鯨窟的旁邊就是黑沙海水浴場，這裡是韓國人必來的打卡點。

📍 제주 제주시 우도면 우도로153 📞 牛島面事務所064-728-4352、4333，牛島巴士觀光064-782-5080，城山候船室064-782-5671，牛島候船室064-783-0448 🕐 牛島海運營運時間：從城山浦到牛島時間08:00～17:00，每30分鐘一班(依季節，時間可能稍有變動)，約需15分鐘船程，可載汽車 💵 接駁渡輪來回費用，成人5,500，青少年(中學生以上)4,800，小學生1,700，年滿2歲以上1,400 🌐 www.udoship.com 🚌 搭乘巴士111、112號到城山港(성산항)站下車，再步行約8分鐘到達城山浦港，搭乘渡輪前往牛島

貼心叮嚀

包車遊牛島更方便

以雪姬經驗所知，如果同行有3～4人以上，自行坐船到島上再租借電動車遊島，所需的租車費用加起來其實跟包車上牛島費用差不多。另外，在濟州本島租用的車子不能上船，自駕的遊客只能把車停泊在城山浦港，然後自行搭乘渡輪前往牛島，到島後再租用電動車遊島。因此，建議直接請包車司機開車到牛島，這樣遊牛島會更加方便快速，當然包車到牛島必定會有額外收費。

天地淵瀑布 천지연폭포

南部

●站在大石上和瀑布合照是來這裡必擺的POSE

西歸浦最美的瀑布

天地淵瀑布可是西歸浦區最美的絕景，由漢拏山流下來的水從半空高處的懸崖落下，高22公尺、寬12公尺，瀑布飛瀉下來時發出巨響，畫面既壯觀又震撼。另外，相傳這裡是天空與地面相遇而形成的蓮池，所以被命名為天地淵瀑布，而天地淵瀑布被認為是西歸浦眾多瀑布中最美的一個！

天地淵瀑布內有著第27號天然紀念物鱸鰻在此棲息，瀑布山澗間都長滿了第163號天然紀念物膽八樹、松葉蘭、山柚子樹、山茶樹等多種稀有植物，除了欣賞瀑布懸崖美景，不要忘記留意一下山澗沿路的植物生態。

從西歸浦市區來這裡非常近，只需要10～15分鐘車程，真的令人難以相信在小小的市區內，竟然隱藏著這麼讓人驚歎的大自然美景，一定會秒殺你的相機記憶體。

제주 서귀포시 천지동 064-760-6304 平日09:00～21:20，週末09:00～21:20 休 全年無休 W 成人2,000，青少年及兒童1,000 建議直接搭乘包車或計程車前往。或搭乘巴士181號到西歸浦換乘(서귀포환승)站下車，再換乘計程車到達

●天地淵的美景令人震撼

龍頭海岸　용머리해안

● 海岸沿途處處是美景，不妨停下腳步欣賞大自然的鬼斧神工　● 遠眺龍頭海岸就像龍頭往海裡前行一樣

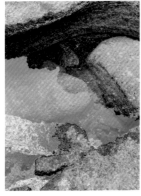

在海上湧起的巨型岩壁

位於西歸浦的山房山下，因為這裡的地形就像一條海龍躍起，龍頭往海裡前行一樣而命名。龍頭海岸的形成可追溯到180萬年前，是海底火山爆發而形成的火山凝灰岩層，比漢拿山的形成時間還早。

從遠處看這裡是平凡不過的海岸路，但沿著狹窄的海邊岩壁路一直走，就會看到歷經了幾千萬年的風沙和海浪侵蝕而形成一層層的砂岩壁，奇形怪狀的岩壁非常壯觀，加上遊客可以直接走在海邊的岩壁路上觀賞這幅絕景，絕對會令人不禁讚歎大自然的鬼斧神功。途中還會看到哈梅漂流紀念碑，這個紀念碑是1980年4月1日韓國與荷蘭增進友好關係而建的象徵石碑。

沿著龍頭海岸走，會看到不少海女在岩石路上擺賣剛捕獲的海鮮，還有美麗而獨特的貝殼等，大家可以在這裡美拍外，不妨停下來即興光顧一下海女的攤位。需留意當天的天氣和海上情況，如果下雨或是漲潮都不宜到訪，因為路面積水會導致溼滑難行，也盡量避免攀爬岩壁以免發生意外。

📍 제주 서귀포시 안덕면 산방로 218-10 📞 064-794-2940 🕐 09:00～18:00 ⓗ 全年無休 💰 成人1,000，青少年及兒童500 🚌 搭乘巴士251、202號山房山(산방산)站下車，再步行約15分鐘

● 龍頭海岸的入口設有復古船艦造型的哈梅爾登陸展示館

● 海女們都在岸邊擺攤

水月峰 수월봉

📷 西部

● 水月峰上的球型燈塔

● 水月峰的石壁間會湧出有療效的泉水，名為龍雲泉的藥水

● 這裡可以租用電動車來代步逛美景

濟州最美的日落晚霞觀賞點

如果說位於濟州最東面的城山日出峰是欣賞日出最美的山岳，那麼欣賞日落最美的山岳必定是位於濟州最西面的水月峰。因為黃昏時分前往水月峰的道路太美了，當地人都稱這條路為「夜霞海岸路」，偶來小路12號會經過這裡。

水月峰這個小火山高77公尺，海邊的懸崖峭壁上可以清楚看到火山堆積的構造，所以這裡也被稱為「火山學研究的教科書」。水月峰大概在1萬8,000年前形成，是火山爆發時熔岩流到海邊而形成的火山體。

📍 제주 제주시 한경면 고락로 📞 064-772-3334 🚌 搭乘巴士102號到高山換乘(고산환승)站下車，走到對面高山聖堂前換乘巴士761-1、761-2到漢場洞(한장동)站下車，再步行約12分鐘

● 觀景台也可以觀賞到濟州最西面的美景

濟州油菜花打卡熱點

📍 제주 서귀포시 안덕면 산방로 218-10 📞 064-794-2940 🕐 08:30～18:00 ✖ 全年無休 💰 成人1,000，青少年500，兒童500 🚌 搭乘巴士251、202號山房山(산방산)站下車，再步行約15分鐘

山房山位於濟州的西南部平原之上，是一座鐘狀的火山岩。名字的由來是指山中之窟，在海拔150公尺處有一個海蝕洞窟，故被稱為山房窟寺(산방굴사)，透過洞窟往外看的景色非常美麗，這個獨特的美景就是瀛洲十景之一。山房山高聳入雲，山上孕育了多種獨特的植物，同時也是一個植物保護區，在岩壁上長有蜈蚣蘭、淮陽木等稀有植物，因此山房山被指定為182-5號天然紀念物。山房山的入口處有山房寺和普門寺寂滅寶宮，沿著這兩個寺院的石階梯往上山便是山房窟寺。

從山房山往海邊走，大概15分鐘就會抵達龍頭海岸，如果3月時來這裡，山房山與龍頭海岸之間的山房山樂園附近，到處都開滿油菜花，是非常著名的美拍打卡點，遊客只需付數千元韓幣入場費便可以入內美拍，所以若是3～4月間來濟州，絕對不能錯過。

●山房窟寺對面的美景，但現因防止山泥傾瀉所以布滿了防瀉網 ●海蝕洞窟內的山房窟寺

海女博物館

해녀박물관

海女博物館記錄了濟州女性最高尚且偉大的一生，這裡展示了濟州傳統漁村的歷史和海女的文化，可以體驗試穿海女的衣服，這裡的兒童體驗館亦有很高的人氣。

博物館內展示了真實的濟州傳統漁村風俗和海女的生活日常，在博物館旁還可看到海女實際工作的樣貌。海女們徒手潛入海底深處去捕捉貝類和海帶等水產，身上只備有簡單的挖採工具的她們，到底是如何面對這個茫茫的大海？為家庭而拼了命在海裡捕獵的濟州母親們，為了守護家庭而支撐起半邊天，她們在濟州人心中擁有崇高的地位。這一切的辛酸故事都可以在海女博物館一一體會。

另外，博物館每年秋天10月中旬都會舉行濟州海女慶典，大家也可參加。

濟州女性生活的紀錄

●館內展示海女的生活文化及其歷史

●海女博物館內的室內觀景台，能遠眺出海工作的海女們

Q 제주 제주시 구좌읍 해녀박물관길 26 ✆ 064-782-9898、064-710-7771〜5 🕐 每天09:00〜18:00，兒童海女體驗館09:00〜17:00，售票至閉館前1小時 🈺 元旦、春節、中秋節、每月第一、第三週週一 🆆 成人1,000，青少年500，兒童500 🚌 搭乘巴士260、201號到海女博物館入口(해녀박물입구)站下車，再步行約3分鐘

●最受小孩歡迎的兒童體驗館

THEME 3

追星族必來!

直擊韓星祕密拍攝地

　　韓劇韓綜的熱潮帶動了整個濟州的旅遊業,吸引了大群粉絲特地前來打卡朝聖,特別是近年最具話題性的韓綜《孝利家民宿》(효리네민박)全程在濟州拍攝,在韓國熱播後,更是吸引許多粉絲們從韓國各地,甚至世界各地前來濟州朝聖,韓星李孝利(이효리)在節目中到訪過的地方都成為了最熱門的打卡景點。

　　除此之外,另一個超人氣韓綜《咖啡朋友》(커피프렌즈)亦是在濟州取景,當時主要拍攝場地的咖啡店更成了現在去濟州必到的打卡點。雪姬用了整整一年的時間尋找各個著名韓劇及韓綜的隱藏拍攝點,有部分更是雪姬獨家首度公開,哈韓的你一定不能錯過!

《孝利家民宿》祕密拍攝地

● 白色大相框可以觀看到流水岩里一帶的小區美景

● 釜山有168階梯，濟州也有一條隱藏版的108階梯

西部 ⑨ 雪獨開姬家箱

孝利與潤娥散步的小山丘

● 爬上高大的紅綠木椅上拍照非常可愛

● 只要找到入口處的泰岩泉，沿著右邊小路走便會找到108階梯

⑨ 濟州 濟州市 애월읍 유수암리 1918 ⓛ 全日開放 ⓗ 全年無休 ⓦ 免費 ④ 搭乘巴士251、252、255號到유수암리(流水岩里)站下車，同站換乘巴士792-1或792-2號到流水岩泉(유수암천)站下車，再步行約5分鐘

流水岩里(108階梯)
——유수암리 (108계단)

　　在《孝利家民宿2》第12集中，孝利夫婦帶著少女時代的潤娥來到一個他們經常去散步的小山丘公園，要到達這個小山丘要先走一條共有108階的長階梯，上到山丘頂便是一個小小的運動場，在運動場的左邊角落擺放了兩張造型可愛、高高的紅綠色木椅和巨型的白色相框，爬上高椅上方可以遠眺流水岩里小區的美麗村莊景致。

　　這裡不難到達，但完全沒有遊客，只有平常在這裡散步做運動的村民，所以非常寧靜，到訪時記得保持安靜避免打擾到附近的居民。

天王寺
천왕사

在《孝利家民宿1》第14集中，孝利夫婦帶著IU來漢拿山上的這座寺廟散步，同時練習自拍技巧。天王寺是濟州島上眾多寺廟中最少遊客到訪的，前往天王寺的上山道路擁有一排長長的杉樹，道路兩旁的杉樹都非常高聳壯觀，而且行駛的車輛少，可以一邊慢步一邊拍照打卡，而這條杉樹路亦是韓國人拍人生照的祕密拍攝地。經過杉樹路一直往山上走，就會到達天王寺，寺廟被四周的樹林所包圍，環境非常寧靜，四季到訪都能看到非常美麗的景致，特別冬日飄雪時絕對是非常浪漫的地方。由於寺廟是清修的地方，大家到此一遊記得保持安靜避免打擾到寺廟的安寧喔！

● 超美超夢幻的天王寺雪景

Q 제주 제주시 노형동 산 20-17 🕐 全日開放 🈺 全年無休 🆆 免費 ✈ 建議直接搭乘包車或計程車前往。或搭乘巴士240號到忠魂墓誌(충혼묘지)站下車，再步行約20分鐘

● 天王寺附近有一棵孤獨的大樹，是拍照的好地方

📷 北部
前往天王寺必經的杉樹路是熱門打卡點
🎥 孝利帶IU上寺廟附近散步、練自拍

孝利和IU來這裡吃咖哩飯

● 園內各式各樣的布置讓來體驗採橘子的客人也能美拍

📷 北部 雪獨開姬家箱

孝利帶客人與潤娥體驗採柑橘

● 店內不難看到印度人在用餐

● 印度特色飲料拉西特飲

● 印度烤雞

● 印度咖哩炒飯(치킨 비리야니)

Bagdad
바그다드

♀ 제주 제주시 이도2동 1188-16　🕐 11:00～23:00　㊡ 全年無休　🚌 搭乘巴士112、122、331、343號到濟州市廳(제주시청)站下車，再步行約5分鐘

　　在《孝利家民宿1》第10集中，孝利帶著IU來濟州市廳區內的一間印度咖哩餐廳，本地的清真顧客和穆斯林遊客也經常到這裡用餐，可見這裡的印度咖哩非常道地。這裡的咖哩有不同種類，亦有不同配菜選擇包括雞、羊或蔬菜，另外，他們的印度薄餅(난)和印度烤雞(탄두리 치킨)非常有名，推薦必吃！飲料可以嘗試他們的拉西特飲(라씨)，有多種口味選擇，由不同水果配上優格，味道都很不錯。

橘鄉企營農合作社法人
귤향기 영농조합 법인

♀ 제주 제주시 노형동160　📞 064-746-4640　🕐 09:00～17:00　🏧 採柑橘體驗 10,000/1kg　🚌 搭乘巴士440、332號到漢拿樹木園(한라수목원)站下車，再步行約12分鐘

　　在《孝利家民宿2》第3集中，孝利帶著客人和潤娥一起去到位於新濟州市區內的柑橘園體驗採摘柑橘，這柑橘園種植了許多品種的柑橘，園內更設有不少韓國人喜愛的美拍打卡布置，而且還設有小店家販賣一系列的柑橘製產品，在這裡極力推薦必買他們自製的柑橘茶，純天然製造沒有添加劑，有三種不同的柑橘口味選擇，橘子茶、柚子茶和唐柚子茶，店家推薦的是唐柚子茶，真材實料，有大量柚子肉及皮，味道比較濃郁帶一點點苦味，對保養身體很有功效！

● 橘子園必買手工製作果醬及柑橘茶

● 園內種植著不同種類的柑橘

西部 雪姬獨家開箱

孝利家民宿的近的美味炸豬排店

TONKATSU SEOHWANG
돈카츠 서황

在《孝利家民宿2》第2集中，孝利家因食材不足便推薦客人到民宿附近的日式炸豬排店用餐，客人還大讚美味！這家店在孝利家民宿小路的分岔口上，人氣非常旺，在《孝利家民宿2》還沒有播映前，他們已是當地小區的人氣店家。正式營業時間為中午11:30，但每天自11點開始便有客人排隊等候，假期的人潮更多。他們的主菜都是天婦羅炸物，提供定食套餐，每人必須點一份定食，定食分量很大，吃完很滿足，特別推薦他們的「沙拉烏龍麵」，大量新鮮蔬菜和大蝦拌入芝麻醬汁夾著冷烏龍麵來吃，清爽又美味，味道令人難忘。

● 最令人回味的是這個沙拉烏龍麵，韓國人會把它當是涼拌小菜，不算是主餐定食

📍 제주 제주시 애월읍 소길리794-1 📞 064-799-5458 🕐 11:30～15:00，17:30～20:30 ㉓ 週一 🚌 搭乘巴士251、252、255號到流水岩里(유수암리)站下車，同站換乘巴士792-2號到召吉里事務所(소길리사무소)站下車，再步行約10分鐘

基本菜單

- ♡ 炸黑豬肉沙朗定食 / 서황카츠
- ○ 炸黑豬肉定食 / 안심카츠
- ○ 集錦定食 / 모듬카츠
- ○ 炸海鮮定食 / 생선카츠
- ♡ 沙拉烏龍麵 / 샐러드 우동

西部 📷 雪獨開姬家箱

西部 ☕ 雪獨開姬家箱

孝利家舊宅附近的咖啡店

西部 🍽 雪獨開姬家箱

孝利、寶劍和潤娥在餐廳外喝咖啡

孝利家民宿濟州拍攝原址

● 來到這裡，當然要打卡認證一下，旁邊就是潤娥、IU、朴寶劍都按過的門鈴

● 咖啡店內是溫馨懷舊的鄉村風格

instagram piccolacucina_jeju

孝利家民宿
—— 효리네민박

📍 제주 제주시 애월읍 소길리1056 ➍ 特別注意！因所在地很隱密，加上居民不太樂意引路，故不宜隨便問路，建議直接包車前往。

在《孝利家民宿》整套系列的主要拍攝場地就在李孝利的濟州舊宅內，雖然孝利夫婦已搬離此屋，但仍然會有很多粉絲刻意到大宅門前打卡，這個大門前的門鈴曾經被潤娥、IU、朴寶劍按過無數次，所以是劇中的重要場景，粉絲們都會在這裡感受偶像們的氣息，假裝按按門鈴。現在這個電視台的私人用地，粉絲們來此請保持安靜，亦不能進入建築物內，只能在門前拍照打卡，不要真的按鈴啊！

矮子的球
—— 난장이공

📍 제주 제주시 애월읍 소길리797-9 ☎ 064-799-9121 🕐 11:00~18:00 ➍ 搭乘巴士251、252、255號到流水岩里(유수암리)站下車，同站換乘巴士792-2號到召吉里事務所(소길리사무소)站下車，再步行約11分鐘

在《孝利家民宿2》第4集中，孝利家的客人前往了附近的一間可愛溫馨咖啡店，這咖啡店跟TONKATSU SEOHWANG炸豬排店(見P.83)同樣就在孝利家大宅小路的分岔口上，所以很多粉絲都慕名前來探訪，三角形的黃色門口非常顯眼，這裡的布置是木系懷舊鄉村小屋風格，小小的咖啡店環境非常幽靜，小屋內還有小閣樓，一邊看書一邊品嘗一下咖啡香非常悠閒。

Piccola Cucina
—— 삐꼴라쿠치나

📍 제주 제주시 애월읍 유수암리 1306-1 ☎ 064-787-9844 🕐 12:00~20:00(必須預約) 休 週二~四 ➍ 建議直接搭乘包車或計程車前往。或搭乘巴士251、252號到新村金庫研習院(새마을금고연수원)站下車，再步行約15分鐘

在《孝利家民宿2》第10集中，孝利帶著寶劍和潤娥吃過午餐後，在這間餐廳外面喝咖啡，另外2018年初時韓星裴秀智(배수지)和閨蜜私遊濟州時，也曾在這間餐廳吃晚餐，而且她們自拍了很多美麗的照片呢！這間餐廳消費頗高而且絕對要先預約，每位最低消費是3萬韓元起，進到室內不能拍照只能用餐，隱密度極高，故此很多名人都會私下來到訪！

> 貼心叮嚀
> 此店旁邊就是《孝利家民宿》的另一家餐廳拍攝地：森之中(詳情請參見P.159)。

西部

● 特別推薦咖哩香蕉飯，超級美味

孝利帶外國客人來涯月海邊吃飯

西部 | 雪獨開姬家箱

因國民初戀秀智而爆紅的照相館

● 邊欣賞美麗海景邊享受日式咖哩香

● 招牌汪星人辛巴就是牠

「國民初戀」秀智的私遊美拍地

辛巴咖哩
── 심바카리

instagram simbacurry

📍 제주 제주시 애월읍 금성리472-5　📞 064-799-4164　🕐 11:00～19:00　休 週三　🚌 搭乘巴士202號到金光信協(금빛신협)站下車，再步行約7分鐘

　　在《孝利家民宿2》第12集中，孝利帶著外國客人來到涯月海邊用餐的餐廳，就是這間以汪星人作招牌的日式咖哩店，而店名辛巴就是這隻汪星人的名字。這間店的必吃餐點就是炸香蕉咖哩飯(바나나 튀김 카레)，香蕉配咖哩可能聽起來很奇怪，但味道其實超搭的，香甜的香蕉配甜辣口味的日式咖哩，是超乎想像的美味。此外這店的菜單有英文翻譯，不怕點不了餐。

青春照相館
── 청춘사진관

instagram bo.chung.gi

📍 제주 제주시 한림읍 귀덕리1010-2　🚌 搭乘巴士202號到歸德1里(귀덕1리)站下車，再步行約1分鐘

　　2018年初，韓星秀智和閨蜜私遊濟州時，刻意來到此店想找攝影師幫忙拍照，怎知營業時間內竟然沒有營業，讓秀智吃了閉門羹，傷心的秀智更在自己的SNS內貼文，並上傳在鮮黃色的照相館前坐著吃閉門羹的一幕，最後有人告訴了照相館的老板，嚇得攝影師老板哭求秀智原諒。此事件後，這間鮮黃石屋照相館的門面便在網上爆紅，成為眾韓妞到濟州必來的打卡美拍點之一。

西部 ☕ 雪獨開姬家箱

徐俊熙和尹珍雅大結局，雨中浪漫擁吻處

Holly Garden
홀리 가든

instagram holly_garden

⦿ 제주 제주시 한경면 판포리2582 🕐 10:00〜18:00 休 週三 Ⓐ 搭乘巴士202號到板浦里(판포리)站下車，再步行約11分鐘

　　熱門韓劇《請吃飯的漂亮姐姐》(밥잘사주는예쁜누나)中大結局男女主角雨中擁吻的重要拍攝地，就是在濟州這間懷舊復古鄉村風的咖啡店，小房子外面的庭院就是拍攝擁吻畫面的地方。而進入咖啡店內就是女主角珍雅的工作室，依然是拍攝打卡一絕的布置，韓國人來這裡一定會坐在他們的木製懷舊窗簾前美拍，這裡就算沒有韓劇的光環，也絕對是非常值得到訪的咖啡店！

● 跟劇中裝潢差不多，可以拍出唯美照，要當網美不難

● 咖啡店外的這個庭院就是男女主角大結局時，擁吻的經典場面拍攝地

東部 📷 雪獨開姬家箱

男主角徐道宇在濟州的家

吾照浦口
오조포구

⦿ 제주 서귀포시 성산읍 오조리 Ⓐ 搭乘巴士201號到吾照海女之家(오조해녀의집)站下車，再步行約11分鐘

　　劇中男主角徐道宇在濟州的家位於小村落的海邊，同時在偶來小路上，所以周圍的景色非常美麗，附近有很多黑石，濟州特色感非常濃厚。劇中出現的小房子，現在成了藝術家的畫廊，會不定時開放空間展出作品，若遇上開放時間就可以入內拍照了！在房子對面的路上就能看到清楚的城山日出峰景致，亦即此劇中最經典的場景之一，沿路上的風景也非常美麗，喜歡大自然的朋友不可錯過。 房子的旁邊有一條小山路，走上去有一個小涼亭，在這裡亦可欣賞附近的美景和城山日出峰的景致！

● 從房子往外看是極美的風景

● 附近四周的景致都是絕美

咖啡朋友 (CAFE FRIENDS)
— 커피프렌즈

📍 제주 서귀포시 안덕면 서광리1791 📞 064-794-9891 🕐 09:00〜21:00(10:00以後供應餐點) 🈺 全年無休 💰 冬季限定採橘子體驗10,000/籃 🚌 搭乘巴士252、253號到西廣西里蛇首洞(서광서리사수동)站下車，再步行約1分鐘

這裡是在濟州取景的熱門韓綜《咖啡朋友》拍攝原址，節目中邀請到眾多人氣韓星前來當店員實習生，所以開播便引來世界各地的粉絲追捧，成為了濟州內最火紅的打卡點Top 1，節目受歡迎程度可想而知。現在這裡的裝潢與布置已原汁原味地被保留下來開設成一間真正的餐廳，小小的餐廳被一個柑橘園包圍著，餐廳外面就是巴士站方便到訪。餐廳內的菜單基本上跟節目上看到的一樣，必吃當然是法式吐司和蒜油辣蝦球，剩下的蒜油別浪費，額外付費加點橄欖油義大利麵，廚師就會立即為你製作。

基本菜單

○ 法式吐司+橘子咖椰果醬
／ 프렌치 토스트 +귤 카야잼

○ 起司培根吐司
／ 치즈베이컨토스트

○ 黑豬肉番茄燉菜
／ 흑돼지 토마토 스튜

♡ 蒜油辣蝦球
／ 딱새우 감바스

♡ 加點 橄欖油義大利麵
／ 파스타면 (알리오올리오)추가

○ 炸大蝦
／ 딱새우 튀김

○ 蒙古式炒麵
／ 몽골리안 볶음누들

○ 掉進牛奶裡的橘子
／ 우유에 빠진 귤

○ 掉進拿鐵裡的橘子
／ 라테에 빠진 귤

○ 掉進巧克力裡的橘子
／ 초코에 빠진 귤

● 必喝的「掉進XX裡的橘子」系列飲料

● 節目中出現的全部餐點，幾乎都有供應　● 店內最美味的是蒜油辣蝦球，可加點橄欖油義大利麵

● 咖啡店外面就是橘子園，按照之前節目的拍攝時段，大概12月就可以採橘子

● 橘子園的另一邊就是當時演員的休息室

原汁原味呈現《咖啡朋友》裝潢與菜色

《咖啡朋友》拍攝地

🍴 西部

THEME 4

網紅Hot！

「人生照」名所

　　近年來因為SNS等社群軟體普及，大家都愛在社交媒體上分享個人的近況，韓國人特別喜歡自拍和拍照，對於拍攝角度、背景、姿態都頗為講究，以至近年無論是咖啡店或是景點，都會精心布置裝潢，好讓大家在任何時候或任何角度都能拍出最滿意的照片。

　　最近兩年韓國SNS便衍生出「人生照」(인생샷)這個名詞。隨著「人生照」這個名詞的誕生引發了韓國人的動力，不斷去尋找拍攝人生照最美麗、最適合的地方，而大部分的「人生照名所」(인생샷 명소)都是我們常常說的所謂隱世美景，一起尋找韓國人發現的美麗角度。就讓雪姬帶領大家在濟州尋找最美麗的「人生照熱門地」(인생샷 핫플)，部分更是獨家分享喔！

濟州人生照攝影公司推薦

金珠媽濟州攝影小檔案

　　港韓夫婦經營的濟州攝影公司，目前與多位人氣韓國攝影師合作，為客戶提供一站式婚拍服務，包括髮型化妝、婚紗禮服租借、住宿、韓語翻譯，以及專車接送等，此外亦會為客戶製作相簿以作留念。除了婚拍服務外還提供韓國熱門的人生照旅行拍攝服務，由當地人氣攝影師操刀，提供韓語翻譯，專車接送到不同的祕密景點拍攝，以打造完全韓風的人生照！

🌐 www.kimchumma.com

旅遊小教室

何謂「人生照」？

就是「最能代表人生中美好時光的照片」，
人像照片中能拍出最美的一面，而且背景亦能
帶出感性意涵，就像是一張照片就能道出相片
中的人當下的故事，可以是獨照、情侶照、家
庭照、閨蜜照或是結婚照等等。

東部 ｜ 雪姬獨家開箱

ORDA
오르다

＃推薦人生照類別：婚紗照、
情侶照、獨照

● 제주 서귀포시 성산읍 한도로269-37 ☎
064-783-8366 ✈ 建議直接搭乘包車或
計程車前往。或搭乘巴士111、112號到城
山日出峰入口(성산일출봉입구)站下車，再
步行約15分鐘

● 坐在階梯的頂部從下而上在旁邊拍攝，會有君臨天下的效果

● 從正面拍攝往階梯上走的背影，是最常見的構圖

韓國大熱海邊天國的階梯

2019年中旬才加入的「天國的階梯」拍
攝場景裝置，吸引濟州年輕人們紛紛來打
卡，電視台旅遊節目都來取景，一條白色長
階梯通往天堂般，最早版本在越南，因為喜
愛到越南旅遊的韓國人實在對這充滿詩意
的白色階梯念念不忘，近年在韓國各地都
紛紛搭建白色天國的階梯供遊客拍攝，走
在旅遊尖端的濟州當然也不可落後。這條
階梯位於城山日出峰附近的the Cloud飯
店，飯店1樓是ORDA咖啡店，而這條階梯
就是咖啡店的攝影布置，走上階梯與藍天
融為一體非常浪漫寫意。

● 遠拍或是利用廣角鏡頭拍全景亦是不錯的構圖

早上來拍，效果最好

貼心叮嚀

這裡最美的拍攝時間是早上07～09
點，太陽剛升起時天空一片橘紅色，而
且沒有遊客阻礙拍攝，到了中午時遊
客就會增多。如果你會在城山過一夜
晚，第二天會去看日出的話，看完日出
過來這裡就對了。

多樂初等學校
더럭초등학교

#推薦人生照類別：情侶照、獨照、
家庭照、閨蜜照、學生照

제주시 애월읍 하가로195 064-799-0515
平日17:00以後，週六13:00以後 搭乘巴士292
號到多樂初等學校(더럭초등학교)站下車，再步行
約1分鐘 請避開學校上課時間，以免打擾學生
上課，盡量假日到訪及保持安靜

● 跟好姊妹在校院前的櫻花樹下拍人生照也不錯啊

2nd SPOT

充滿童年回憶和快樂色彩的學校

「一個地區或城市的建築色彩，會因為在地球上所處的地理位置的不同而大相逕庭，包括了自然地理條件的因素，以及不同文化所造成的影響。」著名法國現代色彩學家、色彩設計大師讓‧菲力普‧郎科羅(Jean Philippe Lenclos)在1960年代創立的色彩地理理論學說中提出，而這位色彩設計大師就把他的理論成功地實踐在這所曾經因為收生不足而一度面臨關閉的學校上。

早年韓國國民品牌邀請了這位色彩設計大師以濟州兒童的夢想與希望為題，親自為這所學校重新添上繽紛鮮豔的色彩，令這所學校變得更活潑有生氣，從此成為韓星MV和廣告的熱門拍攝地，更變成了濟州的超級人氣打卡景點。整所校院內各式各樣大大小小的設施、牆身等都漆上七彩顏色，校院的前方是一大片綠油油的草地操場，操場的中央還有一棵櫻花樹散發著溫柔的氣息。繽紛的色彩讓整個小區一年四季都有不同的美麗面貌，也勾起了造訪於此的人們，幸福的童年回憶。

● 彩虹七色的外牆是一眾遊客的最愛打卡點

● 在校園的中央種植了兩棵櫻花樹，與彩虹校園襯托下更具童話故事氣息

怪水岳
궷물오름

#推薦人生照類別：情侶照、閨蜜照、獨照

♀ 제주 제주시 애월읍 유수암리(請跟著下方的小地圖走就不用爬山了) ④ 巴士無法到達，建議包車前往 ❶ 不建議晚上或下雨天到訪。這裡可能會有野生動物出沒，遇上時請勿靠近以免驚嚇牠們

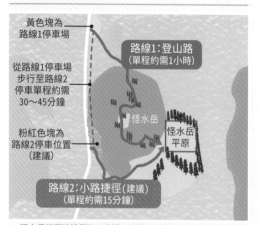

黃色塊為
路線1停車場

路線1：登山路
（單程約需1小時）

從路線1停車場
步行至路線2
停車單程約需
30～45分鐘

怪水岳

粉紅色塊為
路線2停車位置
（建議）

怪水岳
平原

路線2：小路捷徑（建議）
（單程約需15分鐘）

● 怪水岳平原的捷徑入口旁邊，有個小小的停車位置，沿著小路一直走就會到達平原，而平原的實際位置就在怪水岳的後方

只有內行人才知道的絕美隱世婚拍攝影點

這個地方曾經在《孝利家民宿1》第7集時出現過，即使是搜尋韓國SNS，都會叫你去爬山走將近1個多小時的崎嶇山路，但其實有其他可以不用爬山的路線，只要走15分鐘路就會到達美景。這裡就是怪水岳後面的大平原，這個大大的綠草平原被幾個大小山岳包圍著，平原的四周都圍著高高的樹林，來到這裡完全會被大自然包圍著，看到這個如畫般的隱世平原都會不自覺地讚歎。來到這裡不難發現到處都是韓國情侶們在此拍攝婚紗照和情侶照，雪姬去到現場時巧遇上一對可愛的韓國情侶Sunny和他的未婚妻在自拍結婚照片，太可愛了！我便衝上前邀請他們充當模特兒，讓他們為我們示範韓國人如何在這裡拍人生照！

南部　雪姬獨家開箱

曉明寺
효명사

#推薦人生照類別：婚紗照、
情侶照、獨照

Q 제주 서귀포시 남원읍 516로815-41(請
跟著右下方的小地圖走就不用爬山了)
巴士無法直達，建議直接包車或計程
車前往 ⓘ 不建議晚上或下雨天到訪。
此地是佛門清修地請保持安靜

● 小屋外掛著鮮紅色的舊郵箱，與周圍灰舊的牆壁和翠綠的樹林形成強烈的對比

● 這間廢棄小屋看似沒什麼特別，但拍出來的效果超美，是韓國人廣告和婚拍祕密拍攝地

隱藏在小寺廟內的祕密之門（비밀의 문）

　　這座寺廟位於漢拿山中山腰的森林內，是韓國人拍攝婚紗照的神祕景點，經過小寺廟旁邊的小山坡階梯就會看到一道長滿青苔的拱門，穿過拱門走到溪間，由上而下看這道拱門，就像是通往天堂的大門一樣，配上這裡只帶著流水聲的清靜，陽光從樹蔭透入柔和光線，讓整個環境自然營造出浪漫的仙境效果。

　　這裡的美景當然不止於此，橫過石溪走到對面的山坡，沿路走約3分鐘便會看到另一個最隱蔽的美拍點，這裡是曉明寺的第二個婚拍熱點——一個被高聳翠綠樹林密密包圍著的廢棄小屋。灰黑的殘舊外牆掛著鮮紅色的懷舊郵箱，就像綠林中的點綴，情侶們穿著白色小禮服來，在這裡就能拍出淒美而浪漫的仙境照。拍完小屋再往左邊小路走幾步，就會到達最後一個婚拍熱點——樹林隧道，雖然濟州島上有各式各樣的樹林隧道，但這裡可以一次拍攝3個美景，所以來這裡除了婚拍，拍人生照都是非常值得的！

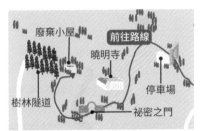
廢棄小屋　前往路線
曉明寺
停車場
樹林隧道　祕密之門

● 長滿青苔的拱門是拍照打卡的勝地，只有韓國人才知道的地方

instagram _lightmoon

明月國民學校
명월국민학교

#推薦人生照類別：情侶照、獨照、閨蜜照、學生照

● 제주 제주시 한림읍 명월리1734 ☎ 070-8803-1955 ◷ 11:00～19:00 Ⓦ 各餐點飲料3,500～8,000 ◪ 建議直接搭乘包車或計程車前往。或搭乘巴士102號到翰林高等學校(한림고등학교)站下車，同站換乘巴士785號到明月里(명월리)站下車，再步行約2分鐘

● 校園正門是必到打卡點，每個來的人都會在這裡拍照

● 走廊超好拍的，盡頭更布置了綠葉郵箱場景，拍出來非常可愛　● 提供藝術展覽的畫廊班

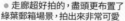

重溫小學歡樂時光的校園咖啡店

明月國民學校建於1955年，跟著名的打卡多樂初等學校(見P.91)不同，多樂尚在營運中，但這間早年因招生不足已關閉。2018年，這所可愛的校園經村民努力改造後，成為濟州必到的打卡點。現在校園咖啡中分成三個班別，包括紀念品販賣店的紀念品班、負責提供餐飲咖啡的咖啡廳班，以及作藝術展覽的畫廊班。

進場不需要門票，只需按人數點杯飲料即可。校園的正門是這裡最重要的打卡點，進入校園內部，長長的校園走廊，木製的地板上每走一步都發出吱吱的聲響，不禁令人回想起童年往事。整個校園都設有不同的打卡點超好拍，令人興起不想離開童年回憶的美好心情，在這裡所拍下的照片都充滿童趣。

韓國咖啡店潛規則：一人一飲料

貼心叮嚀

遊玩濟州，到訪不同的美景咖啡店已經是遊客必走的行程，但必須留意要進入咖啡店拍照，基本消費是一人點一杯飲料才可以進場，但蛋糕甜品通常不計算在內。來到濟州不妨點一杯漢拿峯Ade(한라봉에이드)或是漢拿峯茶(한라봉차)吧，這是濟州島獨有的特色飲料，味道很不錯！

● 無論是閨蜜照、獨照還是結婚照，都非常好看

百藥岳
백약이오름

#推薦人生照類別：婚紗照、情侶照、獨照、家庭照、閨蜜照

📍 제주 서귀포시 표선면 성읍리 산1　🚌 搭乘巴士211、212號到百藥岳(백약이오름)站下車，再步行約3分鐘

通往幸福國度的山岳階梯

百藥岳，從古代開始這裡就生長了很多草藥植物，因而得名。這裡因為《孝利家民宿》而變得更有人氣，但其實在更早之前這裡已是韓國人拍攝人生照的熱門地。山岳不高，不用1小時便能來回走完全程。基本上只有接近山頂的最後5分鐘路程是陡峭的山坡路，其他都是非常好走的木階梯。沿途沒有遮蔽物，必須攜帶帽子和太陽眼鏡，登山時可以看到到處都有牛群在散步，上到山頂後可以遠眺牛島、城山日出峰、風車和漢拿山等美景。

來百藥岳的重點並不是要登山，而是要在山腳下的長長木階梯拍攝人生照，這裡的木階梯有如——天國的階梯，由山岳的入口處直線延伸至山頂，就像一條通往幸福國度的通道。

● 這條由山腳入口處延伸到山頂的階梯，被稱為天國的階梯

● 山頂上的壯麗美景

貼心叮嚀
下午兩三點來拍照容易背光
不建議14:00～15:00左右到訪，因為太陽會在山的旁邊出現而形成完全背光情況，拍照會超難掌握捕捉。

7th SPOT

● 山頂的左邊是看整個環狀樹林最清楚的位置，韓國人都集中在此拍攝

阿父岳
아부오름

#推薦人生照類別：情侶照、婚紗照、獨照

📍 제주 제주시 구좌읍 송당리2263 🛫 搭乘巴士211、212號到阿父岳(아부오름)站下車，再步行約14分鐘

● 冬天時同樣美麗，環狀樹林部分會變深色，環狀就更加明顯突出，要留意冬天風超大超冷要做足夠的保暖

環形杉樹圈火山口

這個因為韓星李孝利的MV〈seoul〉而再度被人們關注的阿父岳，這座山不高只有51公尺，走路登頂只要10分鐘左右，走到山頂會看到一個大大的火山口，特別的是由杉樹自然圍繞而成的環狀樹林，用肉眼看就非常壯觀，如果有空拍機，在高處就會看到完整的火山口景致。上到山頂便可以沿著火山口走，大部分的韓國人都會向左走大概四分之一圈，便在此停下來拍攝人生照，聽說這個位置可以清楚看到整個環狀樹林。在此提醒大家，上山沿路都會看到牛群，而且山上到處都是牛便便，要小心看著地面走路，不要踩雷啊！

● 山腳到山頂只需10分鐘，但斜坡較為陡峭，沿途都設有扶手欄杆，山頂往外看同樣是濟州必備的美景

8th SPOT

聖伊始石牧場
성이시돌목장

#推薦人生照類別：情侶照、婚紗照、獨照

📍 제주 제주시 한림읍 금악리142 📞 064-796-1399 🕐
10:00～17:00 週二 🚌 1.建議直接包車或計程車前往；
2.搭乘巴士282號到東廣換乘5(동광환승5)站下車，步行2
分鐘到東廣換乘3(동광환승3)站，換乘巴士783-2號到依西
多下園地(이시돌하단지)站下車，再步行約12分鐘

● 整個泰西封建築物從任何一個角度拍照都很美，建議在黃昏時間來就更浪漫

● 從泰西封內透過窗戶往外拍，就是韓國情侶最愛的框式構圖法的拍攝位置

● 牧場內更設有幾個可愛的牛奶盒子造型框架，同樣是熱門打卡點

● 記得離開前記得吃個牛奶冰淇淋或牛奶布丁再離開

充滿異國風情的歷史建築

這裡因《孝利家民宿》的拍攝地而聞名，但早已是韓國人的人氣拍攝點。映入眼簾的是充滿古代伊拉克獨特風格的泰西封建築物(又稱Ctesiphon)，興建於1961年11月，一位來自愛爾蘭的神父，運用自己在愛爾蘭學到的建築技術，開墾這片荒地成為一片草原，並且為了幫助當時非常貧困的濟州島民，故建造出這個以泰西封作藍本的建築作為宿舍。

目前已廢棄多年的泰西封建築配上綠草平原和馬群作背景，已成為濟州婚拍的熱點，在這裡能拍出濃濃的異國情調。另外牧場旁還有一家以牛奶為主題的咖啡店，它們的牛奶、牛奶冰淇淋、牛奶布丁都是以新鮮牛乳製作，是來這裡推薦必吃的甜品。

9th SPOT

● 花海和大海，兩片海同時爭豔，絕美的景致只有這裡才有

● 沿路會看到很多馬兒在吃草

咸德犀牛峰海邊
함덕서우봉해변

#推薦人生照類別：婚紗照、情侶照、獨照、
閨蜜照、家庭照

📍 제주 제주시 조천읍 조함해안로 ✈ 搭乘巴士101、201號到
咸德換乘(함덕환승)站下車，步行約10分鐘

　　位於咸德海水浴場旁的小山丘，要登上
這個山丘只要徒步10分鐘左右，山丘四季
都會種植不同的花卉，如油菜花、波斯菊、
粉紅亂子草及紫芒等等，這裡是當地韓國
人必到打卡點之一，特別是只要站在山丘
上的花海當中，就能一次拍到花海與清澈
的碧海藍天，以及黑色玄武岩上的拱門形
陸橋，這美景簡直一絕。

　　在犀牛峰的旁邊接連著就是咸德海水
浴場，這裡有接近14公里長的白沙灣，水
清沙細而且水很淺，加上有犀牛峰這個天
然屏障，令陸橋一帶的海面都十分平穩，
非常適合一家老小來這裡玩耍。

藍天碧海配鮮豔花海

10th SPOT

曉星岳
새별오름

#推薦人生照類別：情侶照、獨照

📍 제주 제주시 애월읍 봉성리 산59-8 ◀ 1.建議直接包車或計程車前往；2.搭乘巴士282、251、252、253、254號到花田村(화전마을)站下車，再步行約29分鐘

浪漫芒草山岳

《孝利家民宿1》的拍攝點之一，在黑夜時，山如同夜空的曉星一樣孤單地立在那裡，因此命名為「曉星岳」。位於濟州西部，每年的3月都會舉行濟州著名的禱福祭典濟州野火節(제주들불축제)，此時濟州島民就會在這裡燃點聖火「山岳之火」，為濟州島祈求風調雨順。在每年的秋季山上都長滿了密密的芒草，一轉眼綠油油的山變身成芒草山。

大家可以從左邊的登山路走到山頂，大概只需15分鐘，登山過程可以俯瞰四周的美景，如果不想登山的話，山腳下都是適合網美拍照的地方，而在山腳停車場內，還設有不少餐車以及公用洗手間，大家爬完山可以買點吃的補充體力以及上洗手間整裝。

貼心叮嚀

不要穿新鞋或白鞋爬山

請切記，不要穿白鞋或新鞋子上山，這裡每年都有野火節，燒山的灰燼滿滿皆是，穿白鞋登山5分鐘就會立即折舊變黑，下山後必須先清洗鞋子，而且即使認真清洗也不能恢復新的樣貌，因此請記得別穿白鞋或新鞋登山！

雪姬小情報

到咖啡廳裡觀賞火燒山活動
saebil café
새빌

每年的野火節，曉星岳都會塞滿人群非常熱鬧，但晚上風大又可能會下雨，最好找個舒適室內環境觀賞慶典。放心，雪姬為大家提供妙招！只要來曉星咖啡店，位置就在曉星岳旁，以舊廢棄飯店改建而成，大廳內有兩層高的落地大玻璃窗戶，可以直接看到曉星岳，聰明的旅客當然就是在這裡買杯咖啡和麵包，坐在窗戶旁邊悠然自在的賞火燒山活動嘍！

INFO.
📍 제주 제주시 애월읍 봉성리4554 📞
064-794-0073 🕐 09:00~20:00 💰
各餐點飲料5,500~7,000

● 走到樹下，感覺到自己的渺小

孤獨的樹
나홀로나무/왕따나무

#推薦人生照類別：婚紗照、
情侶照、獨照、閨蜜照、家庭照

● 제주 제주시 한림읍 금악리 산30-8 ◀ 1.
建議直接包車或計程車前往；2.搭乘巴士
282、251、252、253、254號到花田村(화
전마을)站下車，再步行約16分鐘

● 要和這棵樹拍照一定要排隊，不論何時來都非常多人在等候

富有深度詩意的大樹

這棵樹也是因為《孝利家民宿1》而變
得更有人氣，在孝利到訪前這棵樹其實
已經是大排長龍的網紅拍攝地，近年因
為孝利來過，長龍更長了！位置就在曉
星岳附近，如果會去登山的話通常都會
順道前來這棵樹前打卡美拍。一望無際
的大草原中央只有一棵大樹，讓人感覺
到它努力地獨自生存著。遠方背後的兩
座山其中一座就是曉星岳，在這裡以這
一棵大樹作背景拍照，可以讓整個畫面
更有詩意，一年四季都有不同美景，但
來這裡的韓國人超多，大家要預留排隊
拍照的時間喔！

細花海邊
세화해변

#推薦人生照類別：情侶照、
獨照、閨蜜照、家庭照

📍 제주 제주시 구좌읍 세화길 🚌 搭乘巴士201號到細花里市場2洞(세화리시장2동)站下車，再步行約13分鐘

12st SPOT

● 細花海邊有著無數的美景咖啡店，絕對可以讓你忘形地美拍

● 以美麗海景聞名的細花海邊，藍天加大海就是人生照最好的背景

充滿打卡小道具的海邊散步路

　　美麗的大海是濟州島的寶物，細花海邊是濟州東部的人氣海邊打卡點，離著名的月汀里海水浴場約15分鐘車程，沿著海邊走有許多大大小小質感不錯的咖啡店和餐廳，也有很多Airbnb集中在此，是近年最受韓國人喜愛的打卡海邊。這裡的人流和車輛沒有月汀里海水浴場多，所以拍照打卡較為方便，附近咖啡店都會特地在沿海防波堤上擺放一些拍照用的大小道具，椅子、桌子、花瓶甚至摩托車都找得到，打卡時可以自由使用，在這裡藍天碧海加小道具就可以美拍好幾小時都不無聊，跟朋友、伴侶來逛逛海邊，散步打卡喝杯咖啡最寫意了。

山君不離
산굼부리

#推薦人生照類別：情侶照、獨照、閨蜜照、家庭照

◉ 제주 제주시 조천읍 비자림로 768 ☎ 064-783-9900 ◷ 夏季3～10月09:00～18:40，售票至18:00；冬季(11～2月)09:00～17:40，售票至17:00 ※ 關閉時間依氣候等天氣狀況會有所變更 休 全年無休 ₩ 成人6,000，青少年4,000，兒童3,000 ◐ 搭乘巴士222、212號到山君不離(산굼부리)站下車，再步行約3分鐘

●秋天的山君不離布滿了紫芒，只要陽光普照，拍出的照片都美翻了

●山君不離內的大型火山口

●必到打卡點：山君不離大字造型木椅

讓人陶醉於紫芒美景中的火山口

　　當你步入山君不離的那一刻開始，滿滿的紫芒就在眼前，看著紫芒在風中輕柔地搖曳著，這裡就像是紫芒的家一樣，到處都能看到紫芒飛舞。山君不離從深秋到初春都可以看到的一絕美景，紫芒海從入口處一直伸延到火山口附近，在路上設有八角亭，最美的角度就是由山腳由下而上拍攝，主角就站在紫芒中央，只要有陽光就必定能拍出美美的照片。

　　另外，沿著火山口的左邊山路一直走，經過朝鮮冷杉樹林間路，便會到達另一片大型的紫芒山坡，來這裡的重點就是和山君不離(산굼부리)四個大字打卡拍照啦！不過和它拍照的人超多，要預留時間排隊。最後大家在觀賞紫芒的同時，當然要一遊這裡最震撼的火山口！紫芒海的小山岳頂就是觀賞火山口最佳的展望台，美景亦是一絕，山君不離絕對是秋天必到的最熱門景點。

14th SPOT

廣峙其海岸
광치지해변

#推薦人生照類別：婚紗照、情侶照、獨照、
閨蜜照、家庭照

📍 제주 서귀포시 성산읍 오조리224-33 ✈ 搭乘巴士211號到
廣峙其海岸(광치지해변)站下車，再步行約2分鐘

● 退潮前海面看似平凡無比

熔岩形成的美麗日出海岸

廣峙其海岸是觀賞城山日出峰，最美、最戲劇性且最震撼的地方。能夠看到最壯觀的城山日出美景，而近年已成為韓國廣告和電視劇拍攝的場景，亦成為到訪城山遊客的必到景點。這裡的特殊火山地質是由於當時的城山日出峰熔岩流出後冷卻而成，潮退時仔細觀察海面，便能看到海底下的廣闊平原外露，就像一層一層的年糕堆積，再加上濟州島最東面的美麗天空和日出峰，在日出時分太陽剛升起時，就可以看到美麗又神祕的壯麗畫面。每到初春季節，鮮豔可愛的油菜花就會在附近盛開，大家還可以試騎濟州矮馬在海邊和油菜花田拍照。

● 潮夕一退去震撼的岩石場面便會上演

● 退潮時可以把握時間跳到岩石上拍攝獨特的人生照

思連伊林蔭路
사려니숲길

#推薦人生照類別：婚紗照、
情侶照、獨照、閨蜜照、家庭照

● 제주 제주시 조천읍 교래리 산 137-1 ●
064-900-8800 ● 每天09:00～16:00 ● 搭
乘巴士212、222、232號到思連伊林蔭(사려
니숲길)站下車，再步行約1分鐘

● 如同仙境般的紅葉美景，秋天來更是絕美

思連伊林蔭路一直都是韓國人最愛的濟州島
美麗樹林

如夢般的療癒系林蔭路

　　濟州島中山間地區的東北面是風景非常秀麗的地方，
思連伊林蔭路的山岳、寺泉自然休養林、杉樹林路都是
中山間內的寶物，而思連伊林蔭路是韓國最具療癒性的
原始森林，同時亦位於聯合國教科文組織生物圈保護區
之內。

　　位處空氣品質最好的海拔500公尺的地理位置，森林
內四周生長著杉樹、枹櫟、扁柏等，樹木的平均高達550
公尺，而且還有很多野生動物在此居住，所以被選為隱
藏於濟州的31景之一，亦是經典韓劇《祕密花園》(시크
릿가든)的拍攝地，其名字有著「神聖地方」的特別意思。
林蔭路全長為10公里，鋪設步道並且平整好走，走完整
個路段不會感到疲倦反而是身心靈得到療癒。在這裡茂
密而繁盛的森林，都是韓國人來拍攝人生照的名所。

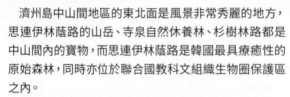

道頭洞彩虹海岸道路
도두동 무지개 해안도로

#推薦人生照類別：情侶照、獨照、閨蜜照

제주 제주시 도두1동 113-1　搭乘巴士453號到道頭峯東面(도두봉 동쪽)站下車便到達

港台遊客熱捧彩虹海岸道路

　　這條美景道路位於機場旁的龍潭梨湖海岸道路上，從機場過來大概花費10幾分鐘便能到達。這條沿海的道路旁設有一排漆上彩虹七色的方塊石矮墩，紅橙黃綠藍靛紫排滿海邊，遊客都會跳上七彩的石頭上擺出可愛的姿勢拍照，藍天白雲加翠綠大海配上長長的彩虹石頭路，整個畫面可愛又活潑，充滿快樂的氛圍。走完彩虹石頭矮墩路約需15～20分鐘，每小段路都有擺放金色的石像，例如海女像、漁夫像等，是十分適合文青拍攝散步的海邊景點。

●濟州觀光巴士在道頭峯東面巴士站，也有設立站牌

●可以和金色的石像合照

藍海魅力

Ocean

　　在濟州旅行有一半行程都在海邊，因為這裡的大海美得令人陶醉。白茫茫的沙子和清澈碧綠的大海，夏日炎炎還有什麼比跳進大海裡消暑來得更舒爽的呢？以碧海藍天當作背景就算手殘也能拍出美麗的海洋照。濟州島上的海邊到處充滿特色，有白沙灘、鵝卵石灘、黑沙灘等等，喜歡大海的你肯定會醉倒在濟州的海洋。

園石海岸

挾才海水浴場

涯月漢潭海岸散步路

下道海邊

圓石海岸
알작지해변

濟州島上唯一的鵝卵石海灘

📍 제주 제주시 내도동 514-1 🚌 搭乘巴士202、292、355、358號到外都洞西村站(내도동서마을정류장)下車,再步行約5分鐘

　　位於市區附近的海灘,整個海灘布滿圓圓的鵝卵石,是島上唯一的鵝卵石海灘,而濟州大部分的海岸都被岩石覆蓋著,當大浪急速拍打到圓石岸邊,便會發出圓石滾動的獨特美妙聲音。

涯月漢潭海岸散步路
한담해안산책로

黃昏日落最美海邊散步路

📍 제주 제주시 애월읍 곽지리1359 🚌 搭乘巴士202號到漢潭洞(한담동)站下車,再步行約8分鐘

　　《孝利家民宿1》拍攝點,亦是濟州島上著名的咖啡街海岸路,沿途的風景非常美麗,因為位於濟州西面,也是觀賞日落的著名海岸路,這裡還有透明獨木舟體驗,可以一邊划船出海欣賞海岸美景,一邊享受海風柔柔吹過的舒爽。散步路的中段就是兩間著名咖啡店的所在地,一家是美拍打卡著名的韓劇拍攝點「春日咖啡館BOMNAL」(봄날카페),另一家是觀賞日落勝地的舊G-Dragon咖啡店「Monsant Cafe」。所以這條海岸路亦是濟州西部必來的景點。

挾才海水浴場
협재해수욕장

以外島作背景的美麗海灘

📍 제주 제주시 한림읍 한림로 (협재리) 📞 064-728-3394 🚌 搭乘巴士202號到挾才海水浴場(협재해수욕장)站下車,再步行約3分鐘

　　位於濟州西面在翰林公園附近的挾才海水浴場,是一個混合了貝殼砂的沙灘。在海邊可以遠眺飛揚島,這一帶的海邊除了蔚藍的大海和細沙灘,還會看到濟州島常見的黑岩石布滿岸邊,沙灘旁還有茂密的綠林。海水浴場的便利設施非常完善,還設有露營區,所以這裡是韓國的家庭和情侶在假期時經常來玩耍約會的地方,亦是《孝利家民宿1》拍攝點之一。

下道海邊
하도해변

濟州島最美的繡球花海邊道路

📍 제주 제주시 구좌읍 하도리 🚌 建議直接包車或計程車前往。或搭乘巴士201號到下道里昌興洞동(하도리창흥)站下車,再步行約22分鐘

　　下道海邊的海水浴場是一個人潮稀少的美麗海灘,這裡同樣有清澈的海水,亦是一個適合浮潛的海域,附近還有玩獨木舟的活動,沙灘範圍很寬,還可以看到著名韓星李孝利喜歡的地尾峰,絕對是當地人的祕密美景海灘,加上濟州的海女都在附近一帶活動工作,可以近距離觀察到真實的海女生活。6月繡球花季時,海岸路都會開滿美美的繡球花,是濟州島最有名的海邊繡球花道路。

北 部

NORTH SIDE

逛街購物一把抓・前往機場超便捷

　　濟州北部是集合了購物美食於一身的地區,亦是市區和國際機場的所在地,這一帶是最多外來遊客聚集的地區,商店購物區林立,餐廳集中且多樣化,在購物區附近的店家也比較晚打烊,一天外出行程結束,回到濟州市區還能繼續逛街購物吃飯。住宿選擇眾多,離機場非常近,交通最為便捷,從濟州市區出發前往其他地區非常方便。市區的周邊亦不乏迷人景點,如紅白馬仔海邊燈塔以及柑橘農場等,初春期間北部更有許多適合的賞櫻景點,是遊客追櫻打卡的熱點。

東門市場
동문시장

市區內必到的傳統市場

♀ 제주 제주시 일도일동 관덕로14길20 ☎ 064-752-3001 🕐
日市08:00～21:00，夜市18:00～00:00 🚍 搭乘巴士361、
315、332、444、461、3001號到中央路(중앙로)站下車，再
步行約3分鐘

● 市場內有大量鮮果店以及伴手禮紀念品店，可一次購入

　　正式名字是東門傳統市場，是濟州島上最大的
傳統市場，東門市場開始於1945年，歷史悠久。
市場內主要販售蔬菜、水果、水產、草藥、穀物及
服飾等。同時亦有很多伴手禮店鋪、韓式街頭小
吃店等；也有不少水產店販售現切生魚片及濟州
有名的大蝦刺身。此外，東門市場內的小米紅豆
糕(오메기떡)鼎鼎有名，同時也是濟州的特產，來
到這裡一定要買一盒品嘗看看。

● 各式各樣即食生魚片可以新鮮現吃

　　到了晚上18點，靠近東門市場的8號入口附近
會有夜市小吃攤，聚集了30多個美食小吃攤，每
家的菜色都很有特色且大多不重複，主要都是濟
州的獨特美食以及韓國熱門菜色，食材大部分都
來自濟州本島，來到夜市先逛一圈考慮吃什麼再
排隊吧！請注意有好幾家小吃攤都需要排15分
鐘以上，有的可能要半小時以上，建議三五好友
一起來的話，最好分頭排隊吧！

● 可空著肚子逛東門夜市，這裡有很多濟州島美食，吃完超滿足

梨湖木筏海邊
이호테우해변

可愛的紅白小馬海邊燈塔

📍 제주 제주시 도리로 📞 064-740-6000 🕐 夏季海水浴場
開放入水時間10:00～19:00，夜間開放時間19:00～21:00
🚌 搭乘巴士445號到梨湖木筏海水浴場(이호테우해수욕
장)站下車，再步行約5分鐘

　這裡是最靠近濟州市區的海水浴場，以強烈對
比的紅色和白色的小馬造型燈塔而聞名，這裡是
偶來小路17號必經的景點，附近設有小吃餐車、
露營場以及停車場，很多韓國人在休假時都會租
借露營車來這裡度假。黃昏時刻美麗的海岸線
配上紅白小馬燈塔，風景優美之餘又浪漫，是一
票旅人打卡必到勝地。另外韓國人也很喜歡到附
近的餐廳買個便當，帶到海邊吃午餐，店家通常
都會把便當擺放得美美的，方便客人拍照！

● 捧在掌心中的小馬非常可愛

推薦鮑魚便當專門店

濟州一頓飯
제주한끼

雪姬小情報

　這間店就在梨湖木筏海邊附近，走路
過去大概只需10分鐘，店內提供不同的
菜單選擇，麵食、飯類和沙拉都有，而
且便當包裝得精美，是滿受韓國人歡迎
的便當專門店。

便當套餐內有湯有飯有多樣配菜，味道很不錯

INFO.
📍 제주 제주시 이호일동 440-7 📞 064-
748-0045 🕐 09:00～19:00 💰 各餐點
13,000～27,000 🚌 梨湖木筏海邊步行
到餐廳約需10分鐘 ℹ️ 菜單都上附有大
圖片，不用怕不會點餐

● 橘子園和咖啡店內都設有大量的美拍專用場景布置

 雪姬推薦　instagram jeju_a_geubat

Analogue柑橘農場
아날로그 감귤밭
網美最愛的柑橘主題農場咖啡店

● 제주 제주시 해안동2463 ● 070-8285-2811
● 10:00～18:00 ● 週二 ● 各餐點及飲料
4,000～7,000，果醬及蜂蜜產品12,000～
15,000 ● 建議直接包車或計程車前往。或搭
乘巴士251、252、253、254、255、282、291號
到海安洞入口(해안동입구)站下車，再步行約19
分鐘 ● 咖啡店限制一人點一杯飲料才能進場

這是一間位於濟州市區周邊的農場咖啡店，客人可以親自置身於柑橘田間，還可以品嘗店家親手製作的柑橘甜點及飲料，一邊在田園間自拍一整天。咖啡店前有一大片庭院種滿了柑橘，店家每天為庭園細心打理，園區內更設有不同的拍攝道具，如擺設好的柑橘餐桌、花束、柑橘鮮果攤及戶外帳幕等等，客人可以盡情利用道具來拍網美照。

另外，若想要體驗採摘橘子，只要付20,000₩(5公斤)就可以到店家在附近的橘子農場去體驗，橘子農場內除了可以採摘橘子，同樣也設有不少拍攝場景道具讓客人拍照，在農場內摘到的柑橘可立刻食用，沒有數量限制，但如果要帶走的話，一人就只能裝滿一個鐵桶的分量。

● 採橘子時可以邊採邊吃，只要把果皮和核子丟在樹底下即可。採好拿走的不能超過這個桶子，我們就超過了，要把超過的當場吃掉，拿走的橘子會用透明袋子裝好

rato coffee
라토커피

instagram rato_jeju

大片窗景帶你走進日式風情

📍 제주 제주시 이도2동 1769-15 🕐 12:00～00:00 Ⓦ 各餐點及飲料4,000～7,000
🚌 搭乘巴士112、122號到濟州市廳(제주시청)站下車,再步行約4分鐘

　　位於濟州年輕人聚集的市廳內,白色整潔的外牆門外寫著rato coffee字,一進店內香氣四溢的咖啡香撲鼻而來,這個房子是以舊有住宅改建而成,所以店家刻意打造如住宅房間的座位,保留著舊宅的韻味。點餐後直接走上房子的2樓,特大的窗戶就是這裡的最棒打卡點,因為窗外看到對面充滿日式風情的建築居酒屋(詳細請參考P.118),讓你立刻走進日式風情中。他們的咖啡味道香濃味甘,除了咖啡還有提供不同的花茶以及甜點,味道也很好!

● 坐在二樓的窗邊喝咖啡,觀賞著對面的日式建築,感覺就像置身日本

Mystic 3°
미스틱3도

facebook mystic3do

神祕之路旁的特大庭院咖啡店

📍 제주 제주시 1100로2894-4 📞 064-743-2905 🕐 週二～五09:00～18:00,週六～一09:00～20:00 Ⓦ 各餐點及飲料4,500～7,000 🚌 搭乘巴士240號到Jourre村(주르레마을)站下車,再步行約2分鐘

　　這個擁有特大庭院和濟州矮馬的咖啡店,就在濟州著名的神祕之路旁,店內以木頭田園為設計風格,加上室內空間非常寬敞,是適合中途休憩的咖啡店。店內有壯麗的庭院,綠草如茵,小木橋、溫室庭院和水池都是散步、美拍的獨特元素,而咖啡店的天台可以遠眺漢拿山美景,點一杯美味的飲料,坐在咖啡店的任何一個角落,都能拍攝到網美照。

雪姬小情報

水往高處流
神祕之路
신비의도로

　　這裡明明看似是一段上斜坡的道路,但把水倒在地面時,水竟然會向上流,而不是往下流走。每當開車經過此路,司機都會故意打到空檔並放開手煞車,正常情況下車子應該會往下滑動,但實際卻是相反,車子竟然會自行往上走。這一切其實是利用周邊環境如樹木等營造出來的自然錯覺,是一個有趣的小景點。

INFO.
📍 제주 제주시 노형291-16

● 一鍋就有14隻活鮑魚，場面好震撼

● 品嘗新鮮鮑魚的美味

● 活鮑魚一上桌就在熱烈的舞動，可惜圖片看不出來，大家可以到雪姬的部落格收看這鍋活鮑魚的表演影片

明品振鮑魚海鮮湯
명품진 전복해물탕
大鍋新鮮活鮑魚的海鮮湯

● 제주 제주시 이도2동1970-2 ☎ 064-723-2882 ⏰ 11:00～15:00，17:00～22:00 ₩ 鮑魚海鮮鍋35,000～65,000(2人份起) ✈ 搭乘巴士331、343號到經濟通商振興院(경제통상진흥원)站下車，再步行約11分鐘

　　位於舊濟州市市廳區內的SNS網紅人氣打卡海鮮湯，但這並不是普通的海鮮湯，而是一大鍋海鮮湯上鋪滿14隻中份肥美新鮮活躍的活鮑魚，看著活鮑魚在鍋中熱鬧地跳舞約10分鐘，這就是看得到的新鮮！鍋中除了活鮑魚當然還有大大隻的活章魚和花蟹等，吃海鮮湯時別忘記加點拉麵拌著吃，拉麵吸收了整個海鮮湯底精華，非常鮮美，吃到大家都會捧著大肚子回飯店呢！

基本菜單
♡ 鮑魚海鮮湯 / 전복 해물탕
◯ 鮑魚刀削麵 / 전복 칼국수츠
◯ 黃太醒酒湯 / 황태해장국
◯ 烤鮑魚 / 전복구이
◯ 烤青花魚 / 고등어구이
◯ 烤魷魚 / 오징어구이

壽福康寧
수복강년

令人難忘的大片手工烤肉餅

📍 제주 제주시 선덕로3길 40 📞 064-744-3564 🕐 11:00～15:00(最後點餐14:00)，17:00～20:00(最後點餐19:00) 🚫 週二 💰 豬肉烤肉餅套餐1人12,000，韓牛烤肉餅套餐1人25,000 🚌 搭乘巴士335、336、360、3004、3008號到濟州住民中心(연동주민센터)站下車，再步行約7分鐘 ℹ️ 必須提前一天預約

　　如果要用一句話來簡單形容這裡的肉餅，我會說「真心好吃！」美味的程度是吃一口就會很自然的「嘩」一聲後，接著低頭默默吃，一轉眼就會吃飽吃滿。這裡是由住宅改建而成的小餐廳，店內只有7張餐桌是適合家庭或幾個朋友一起聚餐的地方。烤肉餅是每天限量製作供應，選用的食材是高級且經認證的濟州黑豬以及韓牛，因此在社區內是口碑優良的餐廳。

　　肉餅製作成方形蒸糕狀，沒有剪開就直接大大一份上菜，客人可以自行分剪成適合的大小，剪肉時肉香撲鼻已是一種享受，濃濃的肉汁從肉餅滲出來又是視覺享受。牛肉餅比黑豬肉餅小，但兩種口味都帶有一點香甜的味道，為了吃這一大份美味的烤肉餅，到底可以讓人多吃多少碗白飯呢？這裡的菜色都是下單立刻製作，所以等候上菜時間較長，但美味是值得等待的。

● 豬肉餅的大小比牛肉餅大至少三分之一，但兩者同樣美味

● 肉餅會整份上菜，再由客人按喜好自行剪成適合的大小

基本菜單
♡ 豬肉烤肉餅套餐 / 돼지 떡갈비 정식
♡ 韓牛烤肉餅套餐 / 한우 떡갈비 정식

● 在韓國中國料理中經常會吃到糖醋肉,但這款乾烹肉就比較少地方能吃到,美味又帶辣勁絕對是必試菜色

● 必點的排骨海鮮麵,不論是排骨還是海鮮麵味道都是一流的

雪姬推薦

沉醉於海鮮湯麵的日子
짬뽕에 취한 날

濟州人都大讚的排骨海鮮麵

📍 제주 제주시 연동 311-21　📞 079-8223-2335　🕐 11:00～15:00,17:00～20:30　🚫 週日　₩ 5,500～22,000　🚌 搭乘巴士335、336、355、358號到濟州道廳新濟州環行交叉路(제주도청신제주로터리)站下車,再步行約4分鐘

在機場附近的一間中華料理店,店門口有一隻大大的功夫熊貓,非常顯眼易見。推門進入後滿滿的客人,店員說如果是吃飯時間,除了會全店滿座外,店外還會大排長龍,可想而知絕對是家名店!

他們的招牌菜當然是排骨海鮮麵!大片香烤過的肥美排骨直接放在紅通通的海鮮湯麵上,再加上綠殼菜蛤、排骨、魷魚、鮮蝦和紅蛤,分量超大一點都不小氣,味道濃郁、讓人噴汗的香辣海鮮湯頭,配上外脆內嫩的排骨,令人食指大動。另外一道必點菜色就是乾烹肉,分量也很大,肉炸得恰到好處,保留著肉汁,配上香辣的醬拌炒一起吃,味道令人欲罷不能。嗜辣的朋友,絕對要來一試,吃過便會了解為何能成為SNS人氣店,就連濟州本地人都會大讚CP值極高啊!

基本菜單

○ 炸醬麵 / 짜잔
♡ 排骨海鮮麵 / 갈비짬뽕
○ 黃太海鮮麵 / 황태짬뽕
○ 糖醋肉 / 탕수육
♡ 乾烹肉 / 깐풍육

姐妹麵條
자매국수

白鍾元推薦的美味豬肉拉麵店

📍 제주 제주시 노형동 1279-1 📞 064-746-2222 🕐 08:30～16:00，17:00～02:30 🈺 全年無休 💴 餐點價錢6,000～30,000 🚌 搭乘巴士335號到老衡郵政局(노형우체국)站下車，再步行約2分鐘

　　來到濟州怎能不吃有「韓國國民美食家」之稱的白鍾元推薦的黑豬肉拉麵呢？這家店提供中文菜單不用擔心無法溝通，推薦大家點他們的鰻魚湯底豬肉麵，湯底非常清甜不油膩，拉麵的分量滿多的，豬肉的味道當然一流，肥瘦適中！另外也可以點一份或半份的水餃，半份的數量已經是14個，水餃都是一口尺寸的，每桌都有一罐碎紫菜，可以自行添加搭配拉麵或水餃一起吃，加分不少！

● 除了麵食，必點的是水餃，拌上大量紫菜一起吃，很美味

紅家
빨간집

爆辣炒雞爪挑戰你的辣度底線

📍 제주 제주시 아라일동 6092-4 2층 📞 064-726-1378 🕐 16:00～01:30 🈺 週日 💴 餐點價錢12,000～17,000 🚌 搭乘巴士355、360號到我羅公營公寓(아라주공아파트)站下車，再步行約1分鐘

　　在濟州也可以吃到辣炒雞爪？這家店的辣炒雞爪絕對是嗜辣朋友挑戰辣味的地方，辣勁非常厲害，令人爆汗、嘴巴紅腫腫的但又很美味，這裡的雞爪有兩種選擇，分有骨及無骨，還可以點雞軟骨配紫菜拳頭飯團，拌入辣雞爪或雞軟骨一起吃，辣度會稍為減輕一點。

基本菜單
○ 紅色雞翅 / 빨간날개
○ 紅色雞爪(有骨) / 빨간닭발(통뼈)
○ 紅色雞爪(無骨) / 빨간닭발(무뼈)
♡ 雞軟骨+紫菜拳頭飯團 / 오돌뼈+김가루밥

貼心叮嚀

樓下有冰淇淋店，可解辣

　　此店在大樓的2樓，而1樓則是Baskin Robbins(簡稱BR31)冰淇淋專賣店，如果大家想要解辣急救的話，就像韓國人一樣，跑到樓下買大桶冰淇淋配雞爪吃吧！

● 全部菜色都有辣，亦不能選擇小辣，絕對是挑戰極限

忠明亭
충민정
吃貨聚餐必吃香烤帶魚專門店

📍 제주 제주시 남성로 26-1 📞 064-702-1337 🕐 08:00～21:00 ㊡ 週二 💰 2人份約70,000，4人份約120,000 🚌 搭乘巴士431號到三潭郵政局(삼담우제국)站下車，再步行約1分鐘

　　帶魚是濟州島必吃的菜色之一，一般吃法都是燉辣帶魚，但其實烤帶魚才是極品。有些烤帶魚店會把帶魚剪斷來烤，對於愛打卡的吃貨來說就是遺憾，而這間店則是將整條帶魚上烤爐去烤，完全保留了帶魚的原狀，上菜時食客都不禁嘩然，然後相機先吃。帶魚的外皮烤的酥脆，但魚的肉質依然滑嫩，不需沾醬料，魚味已經非常濃郁，價錢雖稍貴但絕對值得大家試試。

基本菜單
♡ 烤原條帶魚 / 통갈치구이
◎ 烤帶魚 / 갈치구이

● 店家推薦把魚卵另外烤來吃，味道很棒

● 整條帶魚烤好上菜，至少有5隻手掌的大小

耽羅料亭
탐라요정
走進日式居酒屋品嘗大蝦刺身

📍제주 제주시 이도2동1766-10 📞 064-753-3458 🕐 18:00～03:00 💰 2人份70,000，4人份120,000 🚌 搭乘巴士112、122、132、181號到濟州市廳(제주시청)站下車，再步行約4分鐘

　　在濟州市廳同樣可以找到日式裝潢居酒屋，看到整棟建築物彷彿自己來到了日本。來這裡必點的菜色是漢拿山大蝦刺身，大蝦躺在漢拿山造型的盤子上，店員還會為漢拿山點上乾冰噴出煙霧，記得用錄影的，十分吸睛！另外可請店員把所有蝦頭拿去炸，原本要成為垃圾的蝦頭搖身一變成為桌上不能缺少的美食。濟州特產的大蝦刺身出名得鮮甜味美，口感更是爽口彈牙！

基本菜單
♡ 漢拿山大蝦刺身 / 한라산 딱사우사시미
◎ 水拌小魷魚生魚片 / 한치물회
◎ 糖醋石斑 / 우럭탕수육

● 店員會倒入乾冰製造火山爆發前的煙霧效果

● 滿桌的日韓FUSHION料理，味道、外觀和品質都是水準之上

胡蘿蔔店
당근가게
買伴手禮、紀念品的人氣精品小店

📍 제주 제주시 서광로5길4 📞 064-756-3999 🕐 10:00～
19:00 🌐 carrotmarket.modoo.at 🚍 從濟州市外巴士客
運站出發步行約3分鐘

這家小店開在濟州市外巴士客運站旁附近，所
以很多遊客會到訪，店內擺的都是濟州手工藝術
家親手製作的精品小物，例如最受大眾喜愛的
濟州海洋蠟燭，以及冬柏花或漢拿峯橘子造型的
香皂、還有濟州畫家親手繪製的濟州風景明信片
等，小小的店內但販售的都是精挑細選過最具
人氣的手工製小物，是文青一族或是想買特色伴
手禮朋友必逛的店。

旅遊小教室
何謂「漢拿峯」？

漢拿峯(한라봉)是濟州獨有的橘子種類，因為外觀突出來的頂端看
起來很像漢拿山，因而得名「漢拿峯」，是濟州最具代表性的橘子種
類，因此很多店鋪會使用它製作料理或飲料。

濟州Moiso instagram jeju_moiso
제주모이소
種類多元且精緻的紀念品店

📍 제주 제주시 연동262-51 📞 064-745-6454 🕐 10:00～
22:00 🚍 搭乘巴士335號到財源公寓(제원아파트)站下車，
再步行約5分鐘

濟州Moiso蓮洞區內最齊全的濟州手工精品小
物店，1樓賣的是一般濟州傳統紀念品伴手禮如
巧克力、餅乾、肉乾、果乾等，2樓則是販售手工
精品，除了濟州海洋蠟燭、造型肥皂或濟州手繪
明信片外，這裡有更多手工精品可選擇，例如香
水飾物、擺飾品、濟州出版的文青書籍雜誌，也
會不定期開設手工DIY體驗活動，可親手製作如
海洋蠟燭等紀念品，但都需要提前預約。

●雖然口味只有一種，但提供了不同款式的濟州風格包裝盒

HAMEL
하멜

韓國人也愛的起司蛋糕店

◉ 제주 제주시 노형2길 51-3 ☎ 064-745-6454 🕐 11:00～22:00 休 週三 🚌 搭乘巴士336號到濟州漢拿大學(제주한라대학교)站下車，再步行約4分鐘

韓國人來到濟州都會買回去當伴手禮的人氣起司蛋糕！店內只提供一款起司蛋糕，但是包裝盒就有4款，其中一款最具濟州特色的是以海女為主題的包裝盒，如果大家是買來送禮，可以跟店員說要指定包裝，不然就是隨機的包裝盒了！

起司蛋糕主要材料都是濟州本地生產，包括製作起司蛋糕必須的Cream Cheese、牛奶和雞蛋，保證每天新鮮製作。一盒內有8個迷你起司蛋糕，購買時店員會為每一盒蛋糕套上保溫袋，在封口貼上製造日期貼紙，保存期限只有一星期，所以盡可能安排在行程的最後一天購買，買完盡快拿回飯店冰箱冷藏，再帶回國。一個人吃一個剛剛好不會太膩，蛋糕口感非常軟滑，入口即溶，濃濃的牛奶香味不會很甜！

● 店家非常貼心地為每盒蛋糕用保溫袋包裝好

私房推薦棉被店
Cotton and Bedding
커텐과이불

我們最愛到韓國買棉被床品，因為韓國製造的寢具品質非常好，無論是到首爾、釜山、大邱，還是濟州，都不忘打包棉被回家啦！

INFO.
📍 제주 제주시 중앙로 382 📞 064-752-1131 🕐 09:00～21:00 💤 週日 🚌 搭乘巴士360號到濟州中央女子高等學校(제주중앙여자고등학교)站下車，再步行約3分鐘

雪姬小情報

濟州島唯一一家No Brand超市
No Brand
노브랜드 제주아라점

No Brand產品的粉絲來到舊濟州市一定要去逛一下No Brand超市，於2019月6月開業，兩層樓的超市，基本上No Brand品牌的商品都可以在這裡找到，但提醒一下大家，這裡只能刷卡交易不收現金。

INFO.
📍 제주 제주시 아라일동2612-19 📞 064-702-2586 🕐 11:00～22:00 💤 每月的第二個週五及第四個週六 🚌 搭乘巴士360號到濟州中央女子高等學校(제주중앙여자고등학교)站下車，再步行約11分鐘

濟州市4大購物區

來濟州玩怎能不買點東西回去，每天行程結束後逛以下其中一區，絕對能滿足你的購物欲。

新濟州市

蓮洞(연동)一帶
免稅店商場及美妝店林立

蓮洞區主要是飯店的集中地，離機場近，區內有新羅免稅店(신라면세점)及樂天免稅店(롯데면센점)，亦有寶健路購物街。各大韓國美妝護膚品牌專賣店、韓國時裝品牌專賣店這裡皆有。兌換所集中在寶健路購物街上，是一個集合吃買住和交通方便的熱門地區。

🚌 搭乘巴士360號到財源公寓(제원아파트)站下車，再步行約2分鐘

老衡洞(노형동)一帶
超市集中區

集合韓國兩個大型超市的小區，包括大型的emart超市、大型的LOTTE Mart超市，另外還有大型的大創百貨(daiso)，在一條街上可以逛完所有超市，十分方便的地區，而且前往機場也非常近，是遊客必到的購物勝地。

🚌 搭乘巴士360號到原老衡(원노형)站下車，再步行約4分鐘

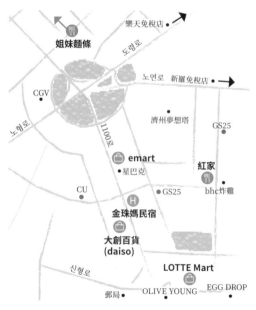

舊濟州市

 塔洞七星路街(탑동 칠성로길)一帶
地下街及傳統市場集中點

塔洞區內是大型海邊飯店的集中地,附近除了有潮流購物必逛的七星路購物街外,還有濟州唯一的地下街、著名傳統市場東門市場,以及濟州特產黑豬肉一條街。附近還有大型的emart超市和大創百貨(daiso)等,是一個比蓮洞更多元化的購物區。

➋ 搭乘巴士461號到塔洞入口(탑동입구)站下車,再步行約3分鐘

 市廳(시청)一帶
吃喝玩樂集中區

這裡有多所學校在附近,是當地年輕人才知道的購物玩樂集中地,有著眾多特色咖啡小店和餐廳,還有如首爾梨大般的時裝飾物小店,有別於蓮洞和七星路街以品牌店為主。

➋ 搭乘巴士360號到濟州市廳(제주시청)站下車,再步行約3分鐘

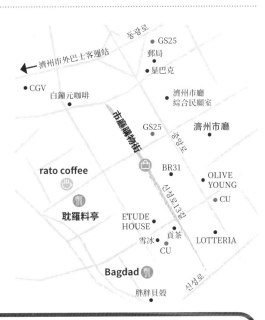

貼心叮嚀
免稅店買韓系保養品,方便又安全
在濟州若需要購買韓國品牌美妝保養品等,去大型免稅店如新羅免稅店等會比較適合,因為濟州的購物模式有別於韓國其他地區,在濟州反而是大型免稅店是最集中齊全且安全。

KAKAO FRIENDS
超萌濟州限定款

　　來到濟州什麼都可以不買，但KAKAO濟州島限定版產品絕對是必買Top 1的伴手禮，島上只有兩個地方共三家店可以買到濟州島限定版，第一個就是位於濟州市的KAKAO總部旗艦店，第二個就是濟州機場國內線的登機禁區內的專櫃及專賣店。濟州限定版推出的第一款就是橘子萊恩，有大隻抱著一大堆橘子的萊恩，以及小隻萊恩抱著大大個橘子的鑰匙圈版本，同系列還有原子筆套裝、貼紙、便利貼等等。而第二版就是濟州海女造型的萊恩及屁桃；第三版則是石頭爺爺造型的萊恩啊！現在最新版本是全新的橘子造型了！去逛KAKAO FRIENDS專賣店把他們通通帶回家吧！

KAKAO SPACE
카카오 스페이스닷원

濟州市區KAKAO總部旗艦店

📍 제주 제주시 아라일동2612-19　📞 02-6718-1679　🕐 10:00～20:00　㊝ 農曆新年及中秋節當天　🚌 搭乘巴士360號到KAKAO(카카오)站下車，再步行約1分鐘

● 全新推出的濟州限量版產品

　　園內設有免費KAKAO FRIENDS主題VR體驗遊戲、展覽館、咖啡店、精品專賣店，精品店主要販售濟州限定版產品，也有小量其他的KAKAO產品。請留意，這裡沒有退稅喔！

濟州國際機場JDC免稅店專櫃

📍 濟州國際機場國內線出境大堂禁區JDC免稅店內，近5號登機閘口

濟州國際機場直營專賣店

📍 濟州國際機場國內線出境大堂禁區內，5號登機閘口旁

*注意：KAKAO FRIENDS在國內線出境大廳禁區內分別有兩家店，一家是KAKAO直營專賣店，另一家是JDC免稅店KAKAO專櫃，兩家店就在各自的對面，很容易找到。

龍頭岩海水樂園
용두암 해수랜드

 雪姬推薦 **機場附近CP值超高的汗蒸幕**

📍 제주 제주시 용담삼동1006-3　📞 064-742-7000　🕐 24小時　₩ 6,000～9,000　🚌 搭乘巴士444號到龍海路(용해로)站下車,再步行約5分鐘

　如果要趕紅眼班機,帶著疲憊的身軀和超重的行李,推薦到機場附近的這家汗蒸幕休息一下。從這裡到機場只需8分鐘車程,有大型的公用休息間,裡面有6個不同溫度的桑拿室可供使用,還有健身室、按摩椅、販賣部等,如果餓了還有餐廳,提供一般韓式料理等。公用休息間有著大片玻璃窗,白天會有自然光透入,還可以觀賞到美麗的海景,而且這裡是24小時營業,若想要節省一晚住宿費用的旅客,晚上在這裡過夜,絕對是高CP值的選擇!

● 內部有多種桑拿房選擇,例如火蒸幕房、貝殼房和冷氣房等

本草足浴
본초족욕

天然草本療癒足浴店

📍 제주 제주시 은수길 65 수목원테마파크 수목원길내　📞 064-749-3370　🕐 09:30～21:00(每隔半小時輪替一組)　₩ 12,000　🚌 搭乘巴士465號到漢拿樹木園(한라수목원)站下車,再步行約12分鐘　ℹ️ 會有專業人士教授足浴的正確方式,故此每隔半小時為一組,分一大組人一起進行,所以必須預約才能進場

　位於濟州市樹木園街內,適合走了一整天行程、爬完漢拿山後過來舒緩休息一下。在泡腳時,店內會有專人帶領大家如何有效的舒緩減壓,還會提供海鹽、韓方足浴粉、精油以及潤膚產品,客人只要根據專人的指導方式按摩雙腳就能促進血液循環,一步一步使用產品去角質和按摩等。這裡的環境和設施都非常乾淨,可以安心使用。泡完腳,一天的疲勞便輕易消除,這就是韓方療癒的威力。

● 提供浴鹽、泡腳藥包以及保溼精華給客人泡腳時使用

雪姬小情報

晚上約會散步的浪漫勝地

濟州樹木園街LED公園
제주수목원길LED공원

　每天晚上,樹木園內便會有市集,這裡會有幾十個攤位和餐車,加上有夜燈布置,所以韓國情侶和家庭,假日週末都愛到此約會。另外,市集旁邊還有一個只有當地人才知道的LED公園,公園裡有很多大型的夜燈裝置,超級適合打卡拍照啊!

INFO.
📍 제주 제주시 은수길 69 수목원테마파크 야시장　📞 064-742-3700　🕐 亮燈時間:18:00～22:00　₩ 免費入場

綠林魅力
Forest

　　海邊的偶來小路、山林中的樹林路等，療癒心靈的森林散步路在濟州島到處都能找到，滿滿的美景路線，無論你走哪一條路，都可安慰你疲憊的心靈，因此韓國人休假時都喜歡到濟州散心，因為濟州的樹林有著神奇的治癒力量，只要你來到這裡便可體會大自然的魅力。

榧子林

榧子林路杉木樹林路

西歸浦自然休養林

寺泉自然休養林

榧子林
비자림
 擁有千年歷史的森林

Q 제주 제주시 구좌읍 비자숲길 일대 **📞** 064-710-7912 **🕐** 09:00～18:00 **💰** 成人3,000，青少年、兒童1,500 **🚌** 搭乘巴士260號到榧子林(비자림)站下車，再步行約6分鐘

　　濟州島的榧子林是一個非常獨特的森林，是世界上最大的榧子林，亦是被指定的受保護植物林。森林內有一棵樹齡超過800年的濟州島上最年長榧子樹，高度超過25公尺，是榧子林樹的老祖先。榧子林內的每一棵樹都有著自己獨一無二的編號，剛剛提及的老祖先樹就是編號1號了。若想好好體驗榧子林的魅力就要從榧子林路開始，在這裡可以放鬆身心享受一場山林浴。

榧子林路杉木樹林路
비자림로 삼나무숲길
 雨後陽光照入，猶如人間仙境

Q 제주 제주시 봉개동 516도로 三岔路口(1112도로) **🚌** 搭乘巴士212、222、232號到思連依林路(사려니숲길)站下車，再步行約14分鐘

　　由濟州市內的漢拿生態樹林和馬放牧地(마방목지)經過516道路來到一個三岔路口，就是朝天邑的入口處，從這裡往左走進去便是榧子林路(即1112道路)。從榧子林入口處的杉木樹林路開始，道路兩旁都是超過20公尺高的杉樹，這裡就是杉樹森林。下雨過後太陽光照射到道路上，樹林中霧氣蒸發的景象，令人彷彿脫離了現實來到夢幻仙境一樣！所以榧子林路亦是許多韓劇及電影的拍攝勝地，亦被稱為韓國最美麗的道路。

西歸浦自然休養林
서귀포자연휴양림
 慰藉心靈的樹林

Q 제주 서귀포시 하원동 산 1-1 **📞** 064-738-4544 **🕐** 09:00～18:00 **💰** 成人1,000，青少年600，兒童300 **🌐** seogwipo.foresttrip.go.kr **🚌** 搭乘巴士240號到西歸浦自然休養林(서귀포자연휴양림)站下車，再步行約12分鐘

　　想要慰藉煩亂的心靈，可以到西歸浦自然休養林路。位於漢拿山西南部的山腰位置，在休養林中散步可以使心境變得平和，樹林內有超過200多種不同植物，在樹林的中央有一片廣闊的草原廣場，韓國人都會來這裡露營，夜間可以觀賞星空月色，林內還有自然溪谷，以及環境很乾淨的散步路，沿著散步路登上山岳，還可以飽覽西歸浦廣闊的太平洋海岸線。

寺泉自然休養林
절물자연휴양림
 治癒心靈的自然芬多精樹林

Q 제주 제주시 명림로 584 **📞** 064-728-1510 **🕐** 07:00～18:00 **💰** 成人1,000，青少年600，兒童300 **🌐** jeolmul.jejusi.go.kr(韓、英、日、中) **🚌** 搭乘巴士111、121、131號到奉蓋洞(봉개동)站下車，同站換乘巴士344號到寺泉自然休養林(절물자연휴양림)站下車，再步行約5分鐘

　　寺泉自然休養林是濟州第一的治癒森林浴。位於濟州市的東北面，附近有思連伊林和杉樹林路，很久以前因為這裡的寺廟周圍有著名的泉水「寺泉」而得名。從休養林入口處開始，有許多樹齡超過40年的杉樹，杉樹會散發出植物性的香氣「芬多精」，讓人們身心自然的放鬆，即使身心再疲倦來這裡吸收一下大自然香氣，絕對讓人減壓不少。

東部

EAST SIDE

山林與海洋的交織．
體驗大自然的美好！

　　濟州的東部又被稱為東海岸，是可以完全親近海洋、山及樹林的地方，這裡有多個美麗的海岸如金寧海水浴場、月汀里海水浴場以及細花海邊，山岳則有最著名的城山日出峰、山君不離、阿父岳及百藥岳等等，山林中山間有榧子林、思連伊林蔭路等等，還有濟州最獨特的外島牛島，無論是海洋和山林山岳，在東海岸就是能體驗大自然最美好的地方。

　　在每年的3～4月間原野路上都會種滿鮮黃色的油菜花，5～6月間就是白色清秀的蕎麥花，6～7月則是壯麗的繡球花。前往各大景點的路途上，別忘記欣賞沿路美麗的花景。

instagram boromwat_

風吹的原野/Boromwat
보름왓

夢幻般的原野花園

◉ 제주 서귀포시 표선면 번영로2350-104 ☎ 064-796-0001 🕐 每天09:00～18:00 ₩ 3,000 🌐 story.kakao.com/ch/jejuhanul/feed ✈ 建議直接包車或計程車前往。搭乘巴士221、222號表善面忠魂墓誌(표서면충혼묘지)站下車,再步行約17分鐘

　　濟州島風大、石頭多是每個遊客來到這裡必定能感受到的,而濟州島上能夠吸引眼球的美麗花園也是同樣的多,而位於表善面中山間城邑里的「風吹的原野」就是其中一個近年來大熱門的美麗花園。

　　「보름」在濟州方言中解作「風」,而「왓」則解作「山坡和原野」,因此簡單解釋就是「風吹過的原野」。這座花園經常種植著色彩繽紛的花卉,例如:青麥、蕎麥花、薰衣草、繡球花等,春天到秋天都有不同的花朵美麗綻放,每個季節都會發現不一樣的美麗。花園面積很大,除了戶外大片花田區,亦有溫室植物園,以及樹林路,還設有咖啡店,大家除了可以在花海中打卡美拍,亦可以走進咖啡店內休息。

● 這裡環境非常美麗,非常適合拍網美照、人生照

● 每月都有不同的花卉植物盛放,每次來都有不同的驚喜

● 園內設有咖啡店可以休息一下

● 6月限定的美麗薰衣草田

● 春天的涉地可支有一大片油菜花海，而背景就是城山日出峰，可以拍出美麗的花海＋城山＋大海背景人生照

● 這裡有名的景點「仙石」

涉地可支
섭지코지
春天必到的油菜花海旅遊勝地

● 제주 서귀포시 성산읍 고성리87 ☎ 064-784-2810 ⏰ 4～10月08:00～19:00，11～3月09:00～18:00 🚗 1.建議直接包車或計程車前往；2.搭乘巴士111、112、211、212號到城山日出峰入口(성산일출봉입구)站下車，再轉乘計程車 ℹ️ 這裡沒有公車直達只能從城山轉乘計程車到來，行程安排上建議安排與城山日出峰同行

位於濟州島東部海岸的一端，「涉地」是音譯，意思是一個狹窄的土地，是古代沿用的地名，而「可支」是濟州島方言，「向外突出的岬角」之意，意指向海延伸的海岬。這裡由奇岩絕壁海岸與寬闊草原形成的美麗景致，春天時漫山遍野綻放著鮮豔的油菜花，形成了美麗的金黃色油菜花海。在這裡拍攝油菜花海人生照最美的角度，就是站在花海前以城山日出峰作為背景，加上碧海藍天點綴，這就能拍出具韓風構圖的獨特人生照。

● 韓劇拍攝勝地的涉地可支燈塔

● 附近還有日本著名建築大師安藤忠雄的建築物「Glass House」，在二樓的餐廳亦是多部著名韓劇及韓綜的拍攝地，如《藍色大海的傳說》及《RUNNING MAN》

● 小火車行駛於樹木間，遠看就像童話列車一樣

facebook ecolandpark

Eco Land Park
에코랜드테마파크
坐上鐵道小火車進入童話般的美妙世界

濟州 제주 제주시 조천읍 교래리 385-1 064-802-8000 每天08:30～18:00 成人12,000，青少年10,000，兒童8,000 搭乘巴士131號到濟州石頭文化公園(제주돌문화공원)站下車，再步行約10分鐘

整個公園占地約有30萬坪。是韓國本地廣告和綜藝節目經常來拍攝取景的地方，也是濟州島上最受歡迎的主題公園之一。公園內由5個車站以不同的空間主題構成，包括體驗天然原始森林的林蔭道、湖泊及花草庭院等。小火車是仿照歐洲古代蒸汽火車製造，在園內不停循環行駛接載遊客，遊客可在這裡短暫體驗火車旅行的樂趣。當列車穿過叢林時，樹枝掠過車廂，乘客們都會充滿驚喜，秋天時分，沿著園內正中央的Eco Road走，就會看到十分壯觀的紫芒海。

● 有不同的場景布置讓客人拍照

● 園內的風景十分美麗，最美的場景永遠都有人在排隊等拍照

● 化妝室和音樂室

● 園內提供露營車租住，可以體驗一下韓式露營活動

（此張為右上角小圖）這裡有很多不同的主題拍攝工作室

  雪姬獨家開箱

instagram delekoomda

DELEKOOMDA IN 城山
드르쿰다인성산
歐陸風城堡主題美拍樂園咖啡店

제주 서귀포시 성산읍 고성리372-1　064-901-2197
每天10:00～23:00　3,500　1.公車無法直達，建議直接包車或計程車前往；2.搭乘巴士111號到城山日出峰入口(성산일출봉입구)站下車，再轉乘計程車，或徒步20分鐘到達

這個大型的城堡主題咖啡店於2019年8月正式開幕，位於城山日出峰與涉地可支之間的路途上，剛開張便吸引了許多當地年輕情侶到訪，因為這裡有著眾多的大型美拍打卡布置，例如迷你城堡、鋼鐵城牆和主題拍攝工作室等，愛自拍或美拍的你必定不捨得離開。

園內每個位置都是美拍點，還貼心的設有化妝室，提供主題服裝租借及化妝服務。另外亦有咖啡店，客人可以坐在園內享受悠閒時光。這裡更提供露營車租借服務，可以在這裡住一個夜晚，清晨起床便可走到海邊看日出。特別值得一提的是，晚上園內會亮起夜燈，非常美麗，大家如果住宿在城山邑附近，晚上不妨來這裡走走！

浪漫人生中最美好的日子
VELOIN THE ROMANTIC
더로맨틱 내 생에 가장 아름다운 날들

仿歐洲浪漫華麗婚拍場景咖啡店

📍 제주 제주시 조천읍 교래리476 📞 064-782-6348 🕐 每天10:00～19:00 🍴 各餐點及飲料4,500～12,000 🌐 www.st-romantic.com ✈ 搭乘巴士212、222號到橋來里保健所(교래리보건소)站下車，再步行約6分鐘

這間外觀充滿歐陸華麗氛圍的建築物，置身於一大片綠島草地中，歐洲貴族邸宅般的建築物背面是一大片茂密樹林，客人除了可以在室內美拍，更可以沿指示走進樹林中再拍！這間超美的咖啡店老板，其實是專業婚紗攝影師，故此店內外的每一個角落的布置，都是經過專業婚拍經驗細緻研究設計出來的，客人來到這裡絕對可以零死角瘋狂美拍大爆發！就算不懂拍照也很難失手。

這裡入場限制是一人一杯飲料，而且每逢假日及週末，店內人潮爆多，想要來個浪漫美拍的話，請務必選平日來。主館後方就是攝影樹林花路的入口方向，跟著指示牌出入樹林，大約走2分鐘就會來到這裡最具人氣的森林打卡點，大部分網美照都是在這裡拍攝的。

● 店外環境和建築都非常具歐陸風情，十分優美

● 店中最具人氣的巨型玫瑰畫框，拍網美照一絕，是老板搭建來拍攝婚紗用

● 店內也裝潢得很精美，假日前來絕對人多無法拍照

● 廢棄工廠結合現代藝術裝置以及綠葉植物的配搭，是時下最流行的設計風格

● 店內外的裝潢讓客人可以輕易拍出超帥氣的照片

instagram gongbech_official

GONGBECH COFFEE
공백카페

Army召集！廢棄工廠結合現代裝置藝術風

📍 제주 제주시 구좌읍 동복리1568-1 📞 064-783-0015 🕐 每天10:00～19:00 💰 各餐點及飲料6,000～10,000 🚌 搭乘巴士201號到東福里觀光體驗漁場(동복리관광체험어장)站下車，再步行約3分鐘 ℹ️ 低消一人一杯飲料

位於濟州島舊左邑海邊，是一家廢棄的舊工廠改造而成的咖啡店，於2019年5月才正式開業，但已經迅速成為濟州島的超人氣打卡熱點，更是全球Army們來濟州島潮聖的目標，因為這家咖啡店是韓國天團防彈少年團(BTS)成員SUGA的親哥哥開的。

外牆主要用玻璃建成，透過玻璃就能觀賞到不遠處的海景，視野極好。咖啡店分為4個部分，第一部分是2樓的點餐區，有販賣咖啡和麵包，麵包款式選擇多，但飲料的選擇比較少，點餐完後走到1樓就是第二部分的用餐區。兩者的空間設計都非常簡潔又盡顯品味風格，喝完咖啡可以到屋外逛逛欣賞一下美麗的大海。

然後漫步到旁邊的第三部分展覽區，這裡是一個室內的玻璃花園，綠草植物配合舊物建築和現代玻璃藝術裝置，令整個空間變得更有深度意涵。再往第四部分的展館，是一個大型空間，沒有特別的色彩，就是要強調「空白」感，場內只有幾幅大型的玻璃窗戶和全開放式空間，以及大面反射鏡子，走進純白的館內，你就是這裡的唯一色彩重點，整體來說在這裡打卡拍照就是帥氣到不行！

●特大窗戶前坐下來拍照是這家咖啡店的重點

●除了美拍的環境,咖啡品質也很棒

咖啡冬柏
카페동백

大窗景前的翠綠田園是重點美拍區

♀ 제주 제주시 조천읍 동백로68 ☎ 070-4232-3054 🕐 每天11:00～17:00 🈺 週一、二、三 🆆 各餐點及飲料4,500～7,000 🚌 搭乘巴士101號到咸德換乘(함덕환승)站下車,同站換乘巴士704-4號到冬柏東山溼地中心(동백동산습지센터)站下車,再步行約1分鐘 ❶ 低消一人一杯飲料

這間咖啡店面積不大但老闆很有個性,店內時常會舉辦一些藝術工作坊或展覽。這裡的美麗打卡區是一片特大窗戶前的翠綠田園,遠處還有綠草樹林和小屋,藍天加美麗的雲彩,坐在窗戶前的沙發美拍,彷彿走進童話故事般,是每位來的客人必做的事。這個獨特的窗戶美景,更吸引很多韓國人慕名前來。店家的咖啡味道也不錯,非常濃厚,擺盤裝飾也很美,是值得前來品味悠閒氛圍的咖啡店。

Landing coffee
랜딩커피

SNS上爆紅純白海景咖啡小店

📍 제주 서귀포시 성산읍 신양로122번길 45-1 🕐 每天
11:00～19:00 🏠週一及每月的第二個週日 🏷各餐點及飲料
7,000～45,000 🚗 建議直接包車或計程車前往或搭乘巴
士111、112、211、212號到城山日出峰入口(성산일출봉입
구)站下車，再轉乘計程車到達

　　在涉地可支附近的夢幻純白咖啡店，於2018
年底才建成，一棟全白色的建築物，面向海的一
邊是大片玻璃落地窗，設計非常簡潔俐落，加上
店面小，一進店內就能感受到海邊的寧靜。無敵
的藍天碧海沙灘景致，加上窗戶旁沒有多餘的布
置，在這裡喝杯咖啡享受一下海邊小屋的寧靜，
你自然會體會到慢活的步調，而窗戶這個位置是
現在眾韓國網美極力追捧的打卡熱點，因為在這
裡就能拍出純白而寧靜的人生照。

● 簡潔俐落的落地大玻璃窗是這家店爆紅的重點

TRINE COFFEE
트라인커피

雪姬獨家開箱　專業冠軍咖啡師手沖咖啡

📍 제주 제주시 조천읍 와흘리1908-1 📞 010-4198-9794 🕐
每天10:00～18:00 🏠週四 🏷各餐點及飲料5,500～8,500
🚗 搭乘巴士211、221、231號到幸福田園(전원마을)站下
車，同站換乘巴士701-4號到臥屹上洞(와흘상동)站下車，
再步行約3分鐘

　　這家咖啡店獲獎無數，第七屆韓國咖啡師大賽
冠軍以及第一屆KCA Batista Classic濟州第一名
等等。整家店充滿著歐陸風格典雅氣質，店內有
一道大展示櫃擺放著老板多年來從英國歐洲蒐
羅得來的陶瓷咖啡杯盤。這裡的客人大多追求
高品質咖啡，老板非常用心細緻的為客人沖製，
味道香醇味甘，喝一口就明白何為冠軍咖啡師品
牌。若是夏季來訪，不妨點杯阿芙佳朵，香滑的
冰淇淋配上冠軍級特濃咖啡以及香脆果仁，是盛
夏消暑的咖啡甜品！

● 這是雪姬在濟州喝到最好喝的咖
啡，不愧是冠軍咖啡師沖泡的咖啡

● 店內的招牌汪金金會非常熱情地招待客人

● 美味又好玩的燜燉牛肉，是午餐必點菜單，客人需要自行挖出麵包來當碗使用

instagram deerlodge_official

DEER LODGE
친봉산장

大熱韓綜《戰鬥旅行》NU'EST篇拍攝地

♥ 제주 제주시 구좌읍 송당리1389-4 📞 010-5759-5456 🕐 每天11:00～22:00 🍴 各餐點及飲料7,000～18,000 ✈ 搭乘巴士111號到松堂路轉盤(송당로터리)站下車，再步行約4分鐘

人氣男團NU'EST的JR和白虎在拍攝大熱韓綜《戰鬥旅行》(배틀트립)時曾到訪過此店，老板花了半年時間把舊馬廠重新改造成現在具品味格調的店面，店內以歐洲獵人之家為主題，所以大部分的木製家具都是老板親手製造。午餐時間來到不妨點個燜燉牛肉，像童話故事般以古老柴火在大鍋裡燜燉而成，客人只要把法式麵包內部挖空變成碗，等店員搖響搖鈴，客人便可拿著麵包碗到大鍋前排隊等店員分牛肉，牛肉可以拌著剛剛挖出來的麵包一起吃，麵包吸附著濃郁的牛肉湯汁十分美味，分量足夠兩個人吃啊！

● JR和白虎就是坐在這沙發拍攝韓綜《戰鬥旅行》，粉絲來到都爭相搶著坐

●戶外庭園就是橘子園，秋冬天來的話園內開滿橘子會更美　　●站在店外就像去了小人國，大大的橘色籃子非常可愛

  雪姬 推薦

instagram cafe_the_container

Cafe The Container
카페더콘테나
搶眼特大橘子籃咖啡店

📍 제주 제주시 조천읍 함와로513 📞 010-4198-9794 🕐 每天11:00～19:00 🚫 週二、三 💰 各餐點及飲料4,500～6,000 🚌 搭乘巴士260號到錦山(금산)站下車，再步行約5分鐘

　　2019年中旬才建成的咖啡店，該店位置原本就是一個橘子園，所以老板靈機一動把採橘子的籃子化作這家咖啡店的外型，從遠處便會看到這個超特大的橘子籃。咖啡店高兩層樓，2樓是籃子的部分亦是正門入口，在這裡買完飲料便可走到1樓拍照，從1樓走出戶外就是一片橘子園，產季時橘子滿園配上這個鮮橘色的特大籃子，難怪成為韓國網美的祕密打卡美拍咖啡店！老板曾在中國留學，所以能以簡單的中文溝通喔！

●遠看近看都是超搶眼的橘色籃子

instagram sandolongmandolong2

清爽又溫暖
산도롱맨도롱
韓國美食主持人李國主推薦的排骨拉麵

♀ 제주 서귀포시 구좌읍 애맞이해안로2284 ☎ 064-782-5105 ● 每天08:00～20:00 休 週二 ● 各餐點7,000～35,000 ● 搭乘巴士101、201號到新山換乘(신산환승)站下車,再步約3分鐘。或從城山日出峰搭乘計程車到達

　韓國人氣美食主持人李國主(이국주)的私人推薦餐廳,這裡的重點菜色就是排骨拉麵和案板豬肉。排骨拉麵湯底有基本正常辣湯,辣湯再分大中小三種辣度,老闆推薦的是中辣,辣度適中最美味,另外也有白湯選擇,適合小孩以及不能吃辣的人。而排骨是現點現烤,調味適中加上香烤過後帶點焦香的外層,味道接近港式叉燒的風味,令人一吃難忘,再配上辣拉麵簡直一絕,接著再吃一個肥瘦適中的案板肉包菜,這一餐吃得令人滿足不已!

基本菜單
○ 豬肉拉麵 / 고기국수
♡ 排骨拉麵 / 갈비국수
○ 辣拌冷麵 / 비빔국수
○ 豬肉湯飯 / 고기국밥
♡ 案板豬肉 / 돔베고기

● 左:排骨拉麵;右:案板豬肉

instagram jeju.maliso

Maliso
말이소
濟州唯一的馬肉飯卷

♀ 제주 제주시 구좌읍 행원리 93-1 ☎ 064-783-8250 ● 每天11:00～17:00 休 週二 ● 各餐點6,500～15,000 ● 建議直接包車或計程車前往。或搭乘巴士201號到杏源農工園區(행원농공단지)站下車,再步行約20分鐘

　這是一家特別的馬肉料理專門店,最具人氣的是包著馬肉的飯卷,肉質非常軟嫩而且帶點自然甜味,是濟州島上唯一製作馬肉飯卷的餐廳。他們以簡單的日式烹調方式料理馬肉,客人可以以親民價品嘗到馬肉的美味,除了馬肉飯卷外,必吃菜色還有馬肉蓋飯,香烤過充滿肉汁彈牙的馬肉塊,滿滿的蓋著整碗白飯,濃烈的黑胡椒味帶出馬肉的鮮甜,一口馬肉一口白飯的美味,令人感動不已!難怪馬肉能成為濟州島的人氣美食!

基本菜單
♡ 馬肉蓋飯 / 말고기 국밥
♡ 馬肉飯卷 / 말고기 김밥
○ 馬肉奶油咖哩 / 말고기 크림 커리
○ 馬肉拉麵 / 말고기 라멘

● 左上、右下:馬肉拉麵;中上:馬肉奶油咖哩;左下、右上:馬肉飯卷;中下:馬肉蓋飯

instagram slslslow

Slslslow
슬슬슬로우
嗜辣者必吃的黑豬肉特辣拉麵

제주 제주시 구좌읍 행원리1482 📞 010-9261-9284 🕐 每天11:30～19:30 🚫 週二 ⓦ 各餐點6,000～12,000 🚍 搭乘巴士201號到錦山牧(금산목)站下車,再步約7分鐘

店名Slslslow,即是「慢慢來,慢活不急」的意思!每次開店都會出現滿滿的預訂人潮,這是所有韓國人來濟州旅遊必到的超級美食店!特辣的黑豚拉麵和超特辣碎椒飯卷,按菜單標示,拉麵只是1根辣椒的辣度已經足夠令人冒汗,而飯卷是3根辣椒,這絕對令人想噴火,而且是越吃越辣持續很久,但又非常美味!難怪成為了白鍾元極推薦的美食店啦!

instagram jeju_hitsya

Hitsya
히츠야
深夜食堂風格的鰻魚便當

제주 제주시 구좌읍 월정1길 54-11 1층 📞 064-783-8891 🕐 週一～四11:00～20:00,週五、六11:00～01:00 🚫 週日 ⓦ 各餐點6,000～40,000 🚍 搭乘巴士101號到月汀里(월정리)站下車,再步行約10分鐘

由兩位年輕姊妹攜手經營的日式料理店,姊姊把在釜山工作時學到的日式烹煮技巧帶到濟州。餐廳的裝潢參考了日本深夜食堂的設計,客人都是圍著中央吧台坐,老板會跟每位客人聊天互動,而且略懂英語會主動跟客人溝通。這裡必點的菜色是淡水鰻魚蓋飯,飽滿結實的魚肉配上特製照燒醬,一口日本珍珠米飯再來一口肥美鰻魚,難怪這套餐點要3萬多韓幣。如果預算有限,可以點較便宜的海鰻蓋飯,依然美味但魚骨比較多,另外亦推薦牛排蓋飯,味道同樣是一絕!

● 左上：牛排蓋飯；右上：海鰻蓋飯；左下：淡水鰻蓋飯；右下：海鰻天婦羅蓋飯

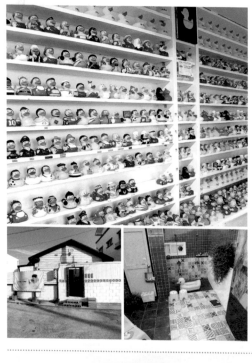

大手商會
큰손상회
懷舊特色小物喚醒童心

♀ 제주 제주시 구좌읍 행원리1537-11 ☎ 064-783-8891 🕐 週一～四11:00～20:00，週五、六11:00～01:00 ✈ 搭乘巴士101號到月汀里(월정리)站下車，同站換乘巴士201號到舊左中央初等學校(구좌중앙초등학교)站下車，再步行約8分鐘

　黃色小鴨子，一隻、兩隻、三隻……整道牆壁都是不同造型的黃色小鴨子，超級可愛的打卡壁櫃，位於月汀里海水浴場的紀念品小店，是讓少女心、童心噴發的地方。店面小小但擺賣著無數的懷舊復古小物，同時亦有很多濟州手作人親手製作的手工藝紀念品，店裡店外都是讓人拍照停不下來的布置，可以美拍又可以購物，絕對是讓人失心瘋的購物小店啊！

Jejui
제주아이
城山附近精美小物店

♀ 제주 서귀포시 성산읍 일출로288번길 8 ☎ 064-784-8689 🕐 每天10:30～19:00 ✈ 搭乘巴士111號到號到城山日出峰入口(성산일출봉입구)站下車，再步行約5分鐘

　從城山日出峰過來此店，步行只需15分鐘左右，這裡是一間隱身於綠蔭中的精品小物店，店內賣著各式濟州道地手工精品，亦有很多配件供客人選購，例如防曬草帽、tote bag及衣服等，除此以外還有多款手繪濟州明信片、貝殼裝飾品、手工薰香等，大家可以走完城山再過來這裡逛逛，或許會選到適合的伴手禮帶回家！順帶一提，他們在牛島上也有分店。

WALK IN JEJU
걷다 워크인 제주
可賞海景、泡足浴的咖啡店

📍 제주 제주시 구좌읍 해맞이해안로594 📞 064-784-0104
🕐 每天11:00～20:00 Ⓦ 各餐點4,000～8,000，足浴
8,000 🚌 搭乘巴士201號到錦山牧(금산목)站下車，再步行
約7分鐘

　　這是一家位於月汀里海水浴場附近的海邊足
浴咖啡店，可以放鬆身心欣賞海邊美景，一邊悠
閒的喝著咖啡或茶，還可以暖呼呼的泡腳，感受
一下濟州島的慢活氣氛。加8,000₩就能使用足
浴，設備乾淨整潔，不想只泡熱水的話，可以另
外請店員添加適量的薰香精油，基本上泡腳時間
沒有限制，是按個人情況而定，可以好好讓足部
放鬆一下。咖啡店背面是一幅非常精緻的手繪壁
畫牆，有別於一般七彩繽紛的壁畫，這裡是一幅
優雅細膩的手繪壁畫圖，可以站在梯間拍照。

instagram walk_in_jeju

● 店外的牆身是一幅非常美麗的壁畫，就在店的後方，記得要拍
完照再離開

● 一邊泡腳一邊欣賞月汀里海水浴場的美麗風車海景

黑石魅力

　　有「三多島」之稱的濟州島，石頭就是三多之一，一看到黑黑的石頭自然就會想到濟州，所以對韓國人來說如果沒有石頭，根本就無法聯想到濟州，也無法描述濟州了。濟州是不論土地、山，乃至圍島海岸線全部都是由石頭形成的火山島，走在濟州的路上不難發現到處都是用黑石砌成的石牆，家門口的「偶來牆」、家周圍的「籬笆牆」、圍住田地的「田間石牆」、海田的石網「圓牆」、包圍邑城、縣城及鎮城等的「城牆」，以及為了抵禦外侵而沿海岸線修築的「環海長城」，都是以濟州黑石頭堆砌成的。每塊石頭都封存著濟州的生活、文化及歷史。

大浦海岸柱狀節理帶

獨立岩

石頭文化公園

大浦海岸柱狀節理帶
대포동지삿개

南部 [濟州中文·大浦海岸柱狀節理帶]
天然記念物第443號

雄偉壯觀玄武岩

Q 서귀포시 이어도로36-30 📞 064-738-1521 🕐 09:00～19:00 W 成人2,000，青少年、兒童1,000 🚌 搭乘巴士240號到濟州國際會議中心(제주국제컨벤션센터)站下車，再步行約2分鐘

柱狀節理帶是濟州島的自然保護對象，由漢拿山噴出的熔岩冷卻而成，30公尺高大大小小的四方、五角、六角形的石柱，自然拼砌成一幅超級大的石雕牆，波浪洶湧時濤擊可高達10公尺以上，非常壯觀。懸崖上有支薩蓋海岸，波濤能擊打至20公尺高的懸崖上，以海邊有垂釣活動而聞名。這裡的絕美景色絕對是大自然這位藝術家精心製作送給濟州島民的天然禮物，喜歡健行的人士更可沿著偶來小路8號路線走到這個柱狀節理帶，一邊運動一邊欣賞大自然的壯麗美景。

獨立岩
외돌개

南部 著名追星柱狀奇岩怪石

Q 제주 서귀포시 서홍동 791 📞 064-760-3192 🚌 搭乘巴士181號到西歸浦換乘(서귀포환승)站下車，步行2分鐘到對面中央路轉盤(중앙로터리)站，換乘巴士615號到외돌개(獨立岩)站下車，再步行約6分鐘

獨立岩位於西歸浦的海邊，約180萬年前噴出海面的熔岩遇到海水凝固而形成，因為它高大獨座在海邊而得名為獨立岩，亦有人稱它為將軍岩。這裡風景之美更是著名韓劇《大長今》(대장금)的拍攝地，亦是韓國天團防彈少年團(BTS)專輯〈花樣年華 Young Forever〉(화양연화 Young Forever)封面拍攝地。所以這裡是西歸浦區追星的著名景點。

石頭文化公園
제주돌문화공원

北部 盡覽濟州島的石頭文化

Q 제주 제주시 조천읍 남조로 2023 📞 064-710-7731 🕐 09:00～18:00 ✕ 每月第一週週一 W 成人5,000，青少年3,500，12歲以下免費入場。每月最後一週週三「文化日」免費入場 🌐 www.jejustonepark.com (韓、英、日、中) 🚌 搭乘巴士131、231號到濟州石頭文化公園(제주돌문화공원)站下車，再步行約3分鐘

濟州石頭文化公園內分為濟州石頭文化博物館、濟州石頭文化展覽館及濟州傳統草屋等部分，場內會看到創造濟州的女神雪曼頭姑，及五百將軍傳說等各種石頭造型物。而戶外展覽場中擺放了48座石爺爺石像、驅散邪惡力量和惡運的的防邪塔、代表著沒有小偷而不需大門的定住石、立於墳墓周圍以表尊敬慰問的童子石等，在這裡可以一次觀賞到濟州島不同的石頭種類外，亦可了解到濟州島石頭最深厚的歷史和意義。

西部

WEST SIDE

集熱鬧景區與樂園於一區
踏浪、觀夕、品咖啡，好浪漫！

　　濟州西部是多個旅遊熱門景點和大型樂園的集中地，主要範圍由涯月邑、翰林邑、安德面、翰京面、大靜邑5大區域所構成，是遊客前來欣賞日落美景的好地方，而在涯月邑的海邊咖啡店散步路，就是全濟州最美、最熱門的海岸線觀夕陽勝地。除了美麗海景外，還有著大大小小的綠茶園、小火山丘、風車海岸路、山房山美景、大型樂園、博物館、美術館及溫泉等。整個西部景點走上幾天也逛不完，除了玩樂觀光景點外，亦擁有很多美味的餐廳和美拍打卡一流的咖啡店，所以在安排行程上就更為充實了。

奧雪綠茶博物館
Osulloc Tea Museum
오설록 티 뮤지엄

西部最具人氣綠茶園體驗

● 제주 서귀포시 안덕면 신화역사로15 ☎ 064-794-5312～3
🕐 每天09:00～18:00 🌐 www.osulloc.com ✈ 搭乘巴士
151、252號到奧雪綠(오설록)站下車，再步行約5分鐘

　　每個遊客來到濟州西部都必定會來綠茶博物館，這裡除了有室內展館讓客人了解製茶歷史，還有綠茶產品銷售區，在這裡便可一次購買其品牌的所有產品外，更能買到濟州島限定商品，絕對是購入伴手禮的好地方，另外這裡還有綠茶主題咖啡店，大家可以吃到平日在首爾最愛吃的綠茶甜點及飲料。最後，當然要得走到博物館對面的大片綠茶園打卡拍照留念！

● 必吃他們的皇牌綠茶甜點、綠茶冰淇淋很美味。

> **貼心叮嚀**
> **順道逛旁邊的Innisfree**
> 　綠茶博物館的旁邊就是另一個人氣店Innisfree濟州小屋，行程上可以安排一起。

Innisfree濟州小屋
이니스프리 제주하우스

濟州最大Innisfree旗艦店

📍 제주 서귀포시 안덕면 신화역사로23 📞 064-794-5351 🕐
夏季09:00〜19:00、冬季09:00〜18:00 🚌 搭乘巴士151、
252號到奧雪綠(오설록)站下車,再步行約5分鐘

　Innisfree濟州小屋是去奧雪綠茶博物館時必
定會一起逛的地方,裡面可以親自製作天然肥
皂,而且還有免費明信片製作區,小屋中央是品
牌產品的展示區,除了一般產品外,還有多款濟
州限定護膚產品以供選擇。另一個重點,這裡附
設咖啡店,最有人氣的料理就是他們可愛的濟州
便當,好吃之餘又好拍,大家不妨也來嘗嘗!

●場內有大型的手工天然護膚製作體驗

●咖啡店內最有人氣的濟州便當

●Innisfree濟州小屋同樣有著大片綠茶園,亦是拍照打卡勝地

新昌風車海岸路
신창풍차해안도로

異國風情浪漫風車日落路

♀ 제주 제주시 한경면 한경해안로470 ➍ 1.建議直接包車或計程車前往。2.搭乘巴士102號到新昌換乘(신창환승)站下車,步行2分鐘到轉角的翰京面事務所(한경면사무소)站換乘巴士772-1號到朱田洞(주전동)站下車,再步行約19分鐘 ❶ 這裡風勢很大,請小心帽子等輕便東西容易被風吹走

　　濟州因風多而聞名,所以到處都能看到風車發電系統,朝天邑、月汀里、表善面、大靜邑以及新昌里等都是著名的風車美景。眾多的風車發電廠中,最著名的就是新昌里了。這裡有多座巨型風車,海邊建有一條長長的木橋,從岸邊延伸至海面,遊客可以近距離欣賞風車、散步拍照,因《孝利家民宿1》來此取景拍攝過而吸引了大批遊客到訪,黃昏前來還可以順道欣賞美麗的日落風車。

禪雲精舍
선운정사

濟州最美最神祕夜燈寺廟

♀ 제주 제주시 애월읍 구몰동길65 ☎ 064-799-8588 ⏰ 4～10月至22:00,11～3月21:00 ➍ 1.建議直接包車或計程車前往。2.搭乘巴士292號到龜沒里洞(구몰리동)站下車,再步行約20分鐘 ❶ 夜燈亮燈時間會因應日落時間而有所不同,前往看夜燈請留意當日的日落時間

　　大家通常都在白天造訪寺廟,但這個神祕寺廟適合夜間前來,且只有當地人才知道路,開車也需要經過重重小路才能找到。入黑來到這裡不會覺得太昏暗,因為整個寺廟到處都掛著七彩鮮豔的夜燈燈籠,除了七彩燈籠,還可以看到一小區的LED蓮花花海。這個夜燈寺廟吸引了很多韓國情侶來約會祈願,《孝利家民宿1》也曾經來這裡拍攝過喔!

琴岳
금악오름

孝利帶著IU走過的飛行傘熱門山岳

📍 제주시 한림읍 금악리 산1-1 🧭 1.建議直接包車或計程車前往。2.搭乘巴士102號到翰林里(한림리)站下車,再換乘計程車到達。

　　《孝利家民宿1》中孝利曾帶著IU來此拍攝,但在此之前這裡早已是飛行傘運動的最佳熱門點,更是李孝利〈SEOUL〉MV的拍攝場景。琴岳周圍視野廣闊,而且可遠眺漢拿山白鹿潭,所以是一個集合散步、拍攝、運動於一體的名所。這座山最大的特色是,走到山頂會看到火山口中央因積水而形成的小型火山口湖,是在下雨過後才會看到的期間限定獨特美景!通常愛拍人生照的韓國人,都會等下雨過後放晴時才到訪,以一探這裡的美景。從停車場走到山頂大概只要15～20分鐘,只要沿著水泥路一直走就可到達,所以是簡單易到訪的美麗景點。

● 穿過綠林山路便會到達視野廣闊的山頂

●教堂建於水池中就像諾亞方舟在海中飄浮般

方舟教會
방주교회

著名建築大師伊藤潤的諾亞方舟建築

● 제주 서귀포시 안덕면 산록남로762번길 11 ☎ 064-794-0611 ◀ 1.建議直接包車或計程車前往。2.搭乘巴士251、253、253、254號到東光里(동광리)站下車,步行1分鐘到對面的東光文化村(동광문화마을)站,換乘巴士752-2號到上川里(상천리)站下車,再步行約12分鐘 ❶ 教會內部不對外開放,請勿打擾教會內部安寧及運作

方舟教會的設計靈感是來自諾亞方舟和水,教會的外型就像一艘船漂浮在海上,教會的外圍四周被水池環抱著,在風勢較大的日子水池的水就像海浪一樣會有漣漪波浪。方舟教會就像一艘銀色的船停泊在海上,風和日麗的日子,水面能清楚看到教會倒影,而教會屋頂的反光外層會把陽光折射出去,將藍天倒影在屋頂上,讓整個建築和氛圍都格外有深度和韻味。

● 客人必拍照打卡的位置就是右手邊的小房子懷舊木門前

instagram jejucafe_oksu

胡同玉樹咖啡店
골목카페옥수

懷舊庭園老房咖啡店

📍 제주 제주시 애월읍 소길1길19 🕐 每天10:00～18:00(6～8月期間營業時間可能有變，請留意Instagram公告) 🚫 週五 💰 各餐點及飲料5,000～16,000 🚌 搭乘巴士336號到海安洞入口(해안동입구)站下車，同站換乘巴士793-1號到召吉里事務所(소길리사무소)站下車，再步行約1分鐘

位於韓星李孝利舊居的同一個小村莊內，一個當地人氣極高的咖啡店，咖啡店在大馬路的外圍都被石牆和橘子樹所包圍著，因為這裡原先就是舊式房子，如果沒有留意門外那小小的木招牌，很容易就會擦身而過。老板刻意保留舊房子的內外裝潢，只是添加了更多帶有懷舊色彩的家具，便營造出這個充滿懷舊溫馨氛圍的咖啡店。每一個角落都能拍出網美效果，這裡還有一個打卡重點，就是老房子的木門口，是韓國人到這必拍的位置。

除了拍照，餐飲方面還特別提供野餐組合，店家除了提供食物及飲料，還可出借野餐籃子、野餐餐墊和花束等，可在咖啡店的戶外庭園內野餐，這也是韓妞最愛的打卡方式！

● 坐在這道方形窗戶前就能拍出感性的人生照

instagram kleinblue_jeju

Klein Blue
클랭블루

結合藝術空間的複合式咖啡館

● 제주 제주시한경면 신창리 1293-1　☎ 010-8720-5338
🕐 每天10:00～20:00　休 週三　💰 各餐點及飲料5,000～13,000　🚗 1.建議直接包車或計程車前往。2.搭乘巴士102號到新昌換乘(신창환승)站下車，步行2分鐘到轉角的翰京面事務所(한경면사무소)站換乘巴士772-1號到朱田洞(주전동)站下車，再步行約19分鐘

位於新昌風車海岸路的對面，將咖啡和藝術結合成複合文化空間，1樓的特大窗戶面對著大片海洋，客人可以邊喝咖啡邊欣賞這裡的風車美景。因為位於濟州西部，適合觀賞日落，日落時分的風景令人難忘。2樓是一間畫廊，也是他們的招牌打卡位置，每個韓國人來這裡都必定會衝上2樓拍照，大型的方形窗戶面對著茫茫的大海，坐在椅子上面向大海只拍背景，就可以營造出韓國流行的「框式構圖法」效果，拍出充滿感性的照片。

● 往對面看就是新昌風車海岸路

● 咖啡店2樓中間的那道窗就是著名打卡點

ONE AND ONLY
원앤온리

雪獨開姬家箱 山房山下的超人氣網紅海景咖啡店

instagram oneandonly.jeju

📍 제주 서귀포시 안덕면 사계리 86 📞 010-9910-2527 🕐 每天10:00~22:00 🚫 全年無休 💰 各餐點及飲料7,000~12,000 🚌 搭乘巴士251號到山房山(산방산)站下車,再步行約15分鐘

　　原本山房山這個度假勝地附近沒有太多人氣網紅店,但自從這家店在2019年中旬開幕後,立即成為該區網紅熱門店。聽說此店的老板是一名90年後出生的濟州人,年輕人特別懂拍攝的美學,店鋪位於山房山腳下,大家可以利用山房山作為背景拍照,亦可利用蔚藍的大海當背景,無論什麼各角度都能把美景拍進鏡頭內。想要喝杯咖啡休閒慢活一下的話,不妨點一杯飲料躺在戶外沙灘椅上,享受日光浴也是不錯的選擇。

漂亮的糕點
미쁜제과

雪獨開姬家箱 韓屋內的美味鹽麵包

instagram mippeun_official

📍 제주 서귀포시 대정읍 도원남로16 📞 070-8822-9212 🕐 每天10:00~20:00 🚫 全年無休 💰 各餐點及飲料3,000~8,000 🚌 1.建議直接搭乘包車或計程車前往。2.搭乘巴士202號到新洞1里(신동1리)站下車,再步行約24分鐘

● 室內外建築裝潢都正統大戶人家的韓屋設計

　　位於西部遠處大靜邑的海邊,隱藏著一家大型韓屋麵包店,店內的麵包款式非常多,飄散著奶油香氣,愛吃麵包的朋友一定會瘋掉。雪姬最推薦的是鹽麵包(소금빵),小小一個看似普通簡單的麵包,美味程度卻讓人回味不已。切開麵包,內裡的牛油香便會撲鼻而來,然後溶化的牛油從麵包中央慢慢滲出,加上一點點海鹽提升麵包的鹹香,簡單便見真章,每個來到這裡的韓國人,都會10個、8個的打包這款麵包,美味程度可想而知。

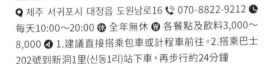

● 這裡最有名氣的鹽麵包,是圖中間長形的那款

● 除了麵包多之外,還有很多精緻的蛋糕

☕ 雪獨開姬家箱

instagram ultramarine_jeju

ULTRA MARINE
울트라마림

令人著迷的日落海景咖啡店

◉ 제주 제주시 한경면 일주서로4611 ☎ 064-803-0414 🕐 每天11:00～20:00 休 全年無休 ₩ 各餐點及飲料3,000～8,000 🚌 搭乘巴士202號到板浦里上洞(판포리상동)站下車，再步行約4分鐘

　　如果去涯月看日落已經不能滿足你，那就換個新地方來看不一樣的日落吧！這間2018年中旬才開幕的海邊品味風格咖啡店，室內裝潢非常大氣，每個位置都是打卡點，而且都能看到廣闊無邊的大海，是一間別具一格的咖啡店。假日都會擠滿韓國人，很少遊客到訪，可說是韓國人私藏不公開的祕密咖啡店！

　　此店最有人氣的打卡點就是2樓正中央的露天中庭，前方是海景，上方就是天空，加上建築的橫梁，就像同時有兩個相框在畫面一般。欣賞大海的同時還能看到遠處的風車加上絕美日落，這樣就能拍出現今韓國最流行的「框式拍攝法」照片，雪姬超級捨不得公開的這個美麗絕倫的日落咖啡店啊！

● 這裡有風車作為背景看日落超級美麗

● 烤麵包時時爐火不用開太大，只要微熱，拿夾子把吐司翻面再烤

● 烤好後抹上各式醬料即可食用

  雪獨開姬家箱

instagram brief_official

cafe brief
카페브리프

濟州也有DIY烤吐司套餐

● 제주 제주시 애월읍 광성로76 ☎ 064-711-5507 🕐 夏季
10:30～20:00，冬季10:30～19:00 ㊡ 週一 💰 各餐點及飲
料5,000～18,000，攝影館收費7,700～77,000 🌐 www.
cafe-brief.com 🚌 搭乘巴士291號到古城1里(고성1리)站
下車，再步行約1分鐘

要吃現今最流行的DIY烤吐司套餐不一定要去
首爾，在濟州也可以吃到！這家咖啡店位於涯月
的中部地區，知道這家店的都是韓國人。咖啡店
室內外都以簡約北歐原木風設計，呈現清新舒適
的空間感。室內劃分為3個空間，分別是藝術家
的作品展售區、咖啡店以及攝影館工作室，充斥
著濃濃的咖啡香，文青來到必定不捨得離開。

這家店的人氣必點就是紅遍首爾的DIY烤吐司
套餐，一份套餐15,000W，裡面包含4片吐司以及
4片吐司餅乾、鮮奶油、奶油以及紅豆泥醬，另外
有兩杯飲料，一杯美式咖啡和一杯牛奶。自行把
吐司放在烤爐上烤，火勢不能調太大，小火烤至
金黃色便可以塗抹上奶油＋鮮奶油＋紅豆一起
吃。味道真的不錯，雖然是很肥的吃法，但偶爾
體驗一下也不錯啊！

● 店內的攝影館工作室，客人亦可在店裡預約攝影服務

● 紅豆奶油吐司餅乾

● 店內有一台韓國流行的隨拍隨印迷你照相館

enough
이너프
雪獨開姬家箱
小清新少女風咖啡店

♀ 제주 제주시 애월읍 고성8길31 🕐 夏季10:00～17:50 休 週二 ₩ 各餐點及飲料4,000～10,000 ☀ 搭乘巴士291號到古城1里(고성1리)站下車,再步行約9分鐘

　　這是一間小清新少女系的咖啡店,主館的玻璃屋是用餐的地方,店內的窗戶特別使用圓拱門的設計,讓整體風格更添可愛氣息,是韓國年輕人們愛拍照的位置。另外主館內設有迷你照相館,以及小清新風格的精品擺設,文青感UP!主館旁還有一棟紅屋頂小房子和綠田園,是來這裡必拍的網美場景!順帶一提,必吃甜點是立方小蛋糕,一口一個,有6種不同口味以供選擇,適合淑女們優雅的享用,而且味道很棒。

Matilda
마틸다
雪獨開姬家箱
品酒談心的海邊黑膠唱片酒吧

♀ 제주 제주시 애월읍 고내1길33 📞 070-8822-9212 🕐 夏季19:00～02:00 休 週二 ₩ 各式基本酒品5,500～12,000 ☀ 搭乘巴士102、202號到涯月高等學校(애월고등학교)站下車,再步行約5分鐘

　　來到濟州別忘記體驗一下當地人的夜生活,不是要去烏煙瘴氣的酒吧,而是可以聽黑膠唱片音樂和朋友聊天談心的好地方,這裡沒有吵雜的酒醉玩鬧聲,只有好友相聚聊天的歡樂笑聲,品味、格調、氣氛都非常棒。一進店內店員便會遞上菜單、筆和紙條,客人可以利用紙筆寫上你想要聽的歌。這裡跟其他酒吧不同的是,配酒吃的零食是健康果仁!此店的菜單都有英文,酒精類飲料種類眾多,有啤酒、紅酒、白酒、調酒,也有提供非酒精飲料。如果住在西部,晚上跟朋友來這裡把酒談心一下也不錯。

● 雞肉拉麵

● 燒智利鱸魚蓋飯

 雪獨開
姬家箱

森之中
모리노아루요

朴寶劍和潤娥也大讚的冠軍級日式蓋飯

📍 제주 제주시 애월읍 유수암리1306-1　📞 064-799-4253
🕐 每天11:30〜14:00，18:00〜20:00　❌ 週日和公休日休
息，食材用完時會提早結束營業　💰 各餐點及飲料5,000〜
25,000　🚗 建議直接包車或計程車前往。或搭乘巴士251、
252號到新村金庫研習院(새마을금고연수원)站下車，再步
行約15分鐘

人氣韓綜《孝利家民宿2》中，孝利夫婦帶著朴寶劍和潤娥來到一間位於涯月的日本料理店用餐，其高品質的食材與高超的烹調技術，讓寶劍和潤娥都大讚美味，也讓韓國人尋找此店的確切位置前來品嘗。這裡的主廚老板就是《Master Chef Korea》第一季冠軍金勝敏廚師，他利用勝出的獎金在濟州開了這家日式蓋飯專門店。因為這裡沒有公車能到達，幾乎沒有外國遊客，但每到午餐時間，店內都會滿座，需要預留時間等候用餐。推薦燒智利鱸魚蓋飯，燒鱸魚的外皮香脆但魚肉仍然保持滑嫩，而且沒有絲毫腥味，加上碎黑胡椒的調味，讓鱸魚蓋飯出色美味！

> **貼心叮嚀**　此店旁邊就是《孝利家民宿2》的另一家拍攝餐廳Piccola Cucina(詳情請參考P.84)

基本菜單

♡ 燒智利鱸魚蓋飯 / 메로구이덮밥
○ 海鮮蓋飯 / 해산물덮밥
○ 豬肉蓋飯 / 돼지덮밥
○ 雞肉拉麵 / 토리라멘
○ 炸雞 / 닭튀김
○ 炸蝦 / 새우튀김

●左:涯峯拉麵;中:涯峯炸物拼盤;右:涯峯叉燒蓋飯

instagram ebong_jeju

涯峯 Ebong
애봉

韓星柳演錫的涯月拉麵店

◎ 제주 제주시 애월읍 애월로1길24-9 ☎ 0507-1329-6720
🕐 每天11:00~18:00 ❌ 全年無休,食材用完會提早結束營業 Ⓦ 各餐點8,000~12,000 🚌 搭乘巴士202號到漢潭洞(한담동)站下車,再步行約6分鐘

> **貼心叮嚀** 為了把關食物的品質,每道料理每天限量50份。

基本菜單
○ 涯峯拉麵 / 애봉라멘
♡ 涯峯辣味拉麵 / 애봉매운라멘
○ 涯峯叉燒蓋飯 / 애봉차슈덮밥
♡ 涯峯炸物拼盤 / 애봉모듬튀김

如果你是韓星柳演錫(유연석)的粉絲,除了到CAFE FRIENDS朝聖外,又怎能不來涯月這家柳社長親自開設的拉麵店呢?柳社長的店,當然使用柳社長的祕方食譜,所以想要吃到柳社長獨家的口味就一定要來了。這裡的每道料理都會加上招牌漢拿峯果乾作點綴,而炸物拼盤則擺放在甜筒狀紙杯上,形成現在流行的炸物花束,超級好吃又好拍。但這裡的食物味道較濃,所以必須搭配飲料。此店的位置很容易找到,因為聚集了許多遊客,而且拉麵店的旁邊就是鼎鼎有名的舊GD咖啡店,也是觀賞日落必到之處,早點來這裡吃個晚餐接著賞日落,是最佳位置!

● 便當還沒打開時，是用韓國傳統禮布包裹著，非常精緻華麗

 雪姬推薦

instagram cafe_chalong.jeju

茶籠咖啡店
카페차롱

絕對美味又好拍的日式三層便當

📍 제주 서귀포시 안덕면 감산로 3 📞 010-8771-3222 🕐 每天 10:30～18:00 ⊗ 週二 💰 便當18,000/2人份，各飲料 4,500～7,000 🚌 搭乘巴士282路，到甘山里(감산리)站下車，再步行6分鐘

位於西南部，由石頭老房子改裝而成的品味咖啡，在小小的石屋內以白色和玫瑰粉色為主調來布置屋內環境，整體簡潔又不失優雅，是情侶和閨蜜來小聚約會的好地方。特別推薦他們唯一的餐點主食，就是日式三層便當！兩人份18,000₩，是點餐後要等30～45分鐘才能吃到神祕便當！便當一出場就令大家嘩然，光是外觀就值得讓你的相機先吃。打開便當盒，美食擺放得非常精緻，因為老板會在每位客人點餐後，用心製作每份餐點！重點是，不止是外觀滿分，味道也是超美味的！

基本菜單
♡ 三層茶籠(便當) / 산단차롱
○ 漢拿峯&桃子 / 한라봉&복숭아
○ 洛神花&櫻桃 / 히비스커스&체리

● 這是兩人份的便當分量

instagram veryjeju

VERY JEJU
베리제주

涯月偶來小路上的人氣伴手禮店

📍 제주 제주시 애월읍 고내로7길45-14 📞 064-746-7520 🕐
每天10:00～18:00 🚫 全年無休 ➍ 搭乘巴士202號到高內
里(고내리)站下車,再步行約8分鐘

如果市區的精品小物店買不到你喜愛的伴手
禮,不妨來逛逛VERY JEJU這家很受韓國年輕人
追捧的小店,販賣許多手工製小物,款式不比市
區精品店少,而且還有賣一些特別商品,如濟州
圖案襪子,以及海女造型的娃娃和精品小物等,
在西部逛景點喝咖啡之餘,也別忘逛逛韓國人喜
歡的文青小物店。

山房山碳酸溫泉
산방산탄산온천

雪姬推薦

濟州島唯一的溫泉體驗

제주 서귀포시 안덕면 사계북로41번길192　064-792-
8300　室內溫泉06:00～24:00，熱療室24小時，露天
池(游泳池)11:00～23:00　全年無休　入場費：成人
12,000，青少年9,000，兒童(國小生)6,000，幼童4,000；
設施使用費：露天池3,000，熱療室1,000，泳衣租借2,000
　www.tansanhot.com　搭乘巴士251號到德修初等
學校(덕수초등학교)站下車，再步行約13分鐘

● 在戶外浴池泡浴時可以欣賞到山房山壯麗的景致

　　這是濟州島最早發現的泉源，也是韓國國內稀
有的碳酸溫泉。自古以來，碳酸溫泉即以「心臟
之湯」馳名，因為含有的二氧化碳成分能被皮膚
吸收使微血管受到刺激而擴張，促進血液循環
以及降血壓而減少心臟負擔。這裡可以一邊泡溫
泉一邊欣賞壯麗的山房山景致，一家大小來濟州
島玩一起泡溫泉實在很幸福，特別是冬天來，這
裡有齊全的汗蒸幕設備及三溫暖，是個可以減壓
休息的好地方！

Aurora Espresso Garden
오로라정원

複合式咖啡庭院，輕鬆當網美

제주 제주시 한림읍 금능남로348　064-773-0314　每
天10:00～18:00　各餐點飲料6,000～12,000　1.建議
直接包車或計程車前往。2.搭乘巴士102號到翰林換乘(한
림환승)站下車，同站換乘巴士784-1號到金陵農工園區(금
능농공단지)站下車，再步行約6分鐘

　　位於翰林邑的複合式文化體驗咖啡庭院，大致
分為6個區域，包括裝潢得非常美麗好拍照的咖
啡店，還有大型花田、動物園、拍照場景館、蠟
燭體驗館以及戶外足浴區，大家可以先點飲料，
再到戶外花田拍照，接著到室內的拍照場景館打
卡當網美，最後拿著咖啡來到戶外足浴區泡腳休
息，這裡是適合大人小朋友一起玩一天的地方。

● 可加購泡腳用的浴鹽(約
2000W)加進足浴盤內

● 拍照場景館內有多組華麗的美拍
布置

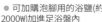

instagram jejuaurora

偶來小路魅力

要深入了解濟州的風土人情,最直接的方法就是沿著偶來小路走,乘著涼風出發一邊欣賞大自然美景,一邊散步有益身心健康。偶來小路的「偶來」(올레)一詞是濟州的方言,意指「從大街通往家裡大門的窄巷道」,是受到西班牙聖地雅哥著名的朝聖之路啟發,而設立的小徑計畫,2007年開始至今大大小小總共設有26條路線,除了濟州本島上的路線外,還有牛島、加波島、楸子島上的路線,所有路線都是沿著海邊鋪設,以下為大家嚴選了5段最受韓國人喜愛的路線以供參考。

偶來路線會因季節或天氣因素而封鎖部分路線,路線圖也會不定時更改,請於偶來網站確認相關內容。

🌐 偶來網站:www.jejuolle.org

5 條 熱 門 路 線

● RUTE 6　牛沼河口—西歸浦偶來 (SOESOKKAK-SEOGWIPO OLLE)
長度為14公里,約需時4~5小時,難度低

這是一條能深入體驗西歸浦美景和文化的小路,沿路經過10個景點,例如:李仲燮文化藝術街、正房瀑布、西歸浦每日偶來市場等。

● RUTE 7　西歸浦—月坪偶來 (SEOGWIPO - WOLPYEONG OLLE)
長度為17.6公里,約需時5~6小時,難度中

這是26條偶來小路中最美麗、最受遊客青睞的「秀峰路」,有著美麗的海岸線和迷人的散步道路,沿途經過的景點例如:天地淵瀑布、獨立岩、砧木路、法還浦口等。

● RUTE 10　和順—摹瑟浦偶來 (HWASUN - MOSEULPO OLLE)
長度為17.5公里,約需時5~6小時,難度中

這條路線能夠欣賞到濟州西部的美麗絕景,被指定為偶來小路前,就以美麗的道路而見稱。沿著海岸公路走,沿途看到的景點有:山房山、馬羅島、加波島、松岳山和龍頭海岸等。

RUTE 20　金寧－下道偶來　(GIMNYEONG-HADO OLLE)

長度為17.6公里，約需時5～6小時，難度中

　　這是一條可以讓你享受海天一色的美景路線，金寧海水浴場和月汀里，坪岱里和細花里，讓人不知不覺便走進了一個碧綠海洋的世界。

RUTE 21　下道－終達偶來　(HADO-JONGDAL OLLE)

長度為10.8公里，約需時4～5小時，難度低

　　可以欣賞到牛島和城山日出峰美景的路線，這條路線的亮點就是地尾峰，登上山頂後可以觀賞到城山日出峰、牛島村莊以及浦口等令人驚歎的絕美景色。

其　他　路　線

編號	路線	路線英文名稱
RUTE 1	始興－廣峙其偶來	SIHEUNG-GWANGCHIGI OLLE
RUTE 2	廣峙其－溫平偶來	GWANGCHIGI BEACH - ONPYEONG-POGU OLLE
RUTE 3	溫平－表善偶來	ONPYEONG-POGU - PYOSEON OLLE
RUTE 4	表善－南元偶來	NAMWON - SOESOKKAK OLLE
RUTE 5	南元－牛沼河口偶來	NAMWON - SOESOKKAK OLLE
RUTE 8	月坪－大坪偶來	WOLPYEONG - DAEPYEONG OLLE
RUTE 9	大坪－和順偶來	DAEPYEONG - HWASUN OLLE
RUTE 11	摹瑟浦－武陵偶來	MOSEULPO - MUREUNG OLLE
RUTE 12	武陵－龍水偶來	MUREUNG - YONGSU OLLE
RUTE 13	龍水－楮旨偶來	YONGSU - JEOJI OLLE
RUTE 14	楮旨－翰林偶來	JEOJI - HALLIM OLLE
RUTE 15	翰林－高內偶來	HALLIM - GONAE OLLE
RUTE 16	高內－光令偶來	GONAE - GWANGNYEONG OLLE
RUTE 17	光令－濟州舊市區偶來	GWANGNYEONG - OLD DOWNTOWN OF JEJU-SI OLLE
RUTE 18	山地川－朝天偶來	SANJICHEON - JOCHEON OLLE
RUTE 19	朝天－金寧偶來	JOCHEON - GIMNYEONG OLLE
RUTE 1-1	牛島偶來	U-DO (ISLAND) OLLE
RUTE 7-1	西歸浦市外巴士客運站－西歸浦偶來	SEOGWIPO BUS TERMINAL - SEOGWIPO OLLE
RUTE 10-1	加波島偶來	GAPA-DO (ISLAND) OLLE
RUTE 14-1	楮旨－武陵偶來	JEOJI - MUREUNG OLLE
RUTE 18-1	楸子島偶來	CHUJA DO (ISLANDS) OLLE

南部

SOUTH SIDE

瀑布帶群超吸睛，傳統市場吃小吃找美味！

　　南部地區又統稱為西歸浦區，濟州島所有大大小小的瀑布帶都集中在此，例如最為人們所熟悉的天地淵瀑布、最美麗的天帝淵瀑布等。另外還有很多著名的地質群帶、岩石奇景，喜歡觀賞自然生態的遊客必定要來這區參觀。除此之外，這裡還有大型傳統市場──西歸浦每日偶來市場，可以一次嘗盡所有濟州島特色小吃。而且西歸浦區集結了許多不同主題的旅遊景點、樂園、動植物園和體驗館，是適合體驗濟州島傳統旅遊活動的地區。

西歸浦每日偶來市場
서귀포 매일올레시장

西歸浦必到景點No.1

◉ 제주 서귀포시 서귀동340 ☎ 064-762-1949 ⏰ 夏季
07:00～21:00，冬季07:00～20:00 🚌 搭乘巴士281號到青
少年文化之家(청소년문화의집)站下車，再步行約3分鐘

　以往西歸浦並沒有大型超市，所以每日偶來市場就是濟州最愛的購物點。市場內的攤位經常會在電視媒體上出現，裡頭有很多著名的小吃如炸雞、小米紅豆糕、黑豬肉串燒、秋刀魚飯卷和生魚片店等各式各樣的人氣美食店。偶來市場有200多家店鋪和140多家攤位，市場中央設有長椅，遊客可以買小吃坐在長椅上吃，除了小吃還有雜貨店、服飾店、紀念品店以及水果店等，什麼都能在偶來市場內找到！

西歸浦每日偶來市場內
3大必吃ITEMS

1 秋刀魚飯卷 / 꽁치김밥
🍴 友情生魚片中心
우정회센타
◉ 제주 서귀포시 중앙로54번길38 ₩ 4,000/份

2 大蒜炸雞 / 마늘통닭
🍴 大蒜炸雞店
마농치킨
◉ 제주 서귀포시 중앙로48번길14-1 ₩ 16,000/份

🍴 漢拿炸雞店
한라통닭
◉ 제주 서귀포시 중정로73번길13 ₩ 16,000/份

3 小米紅豆糕 / 오메기떡
🍴 奶奶年糕店
할머니떡집
◉ 제주 서귀포시 중앙로42번길 24 ₩ 6個4,000，11個
7,000

西歸浦每日偶來市場內 2家必試小店

1 爺爺熱紅酒
하르뱅쇼

instagram show_jeju

《咖啡朋友》中的人氣熱紅酒

📍제주 서귀포시 매일올레시장 4번출구 내 ₩每瓶7,000

《咖啡朋友》粉絲一定聽過劇中的重點飲料熱紅酒，以漢拿峯、蘋果、玉桂、八角等多種水果食材慢煮出來的鮮果熱紅酒，喝了之後感冒傷風症狀可得到舒緩的效果，味道鮮甜又帶有紅酒的香氣。西歸浦每日偶來市場4號出口，有一家攤位以鮮紅色巴士造型賣著這種廣受大眾喜愛的鮮果熱紅酒，不喝熱的朋友可以選冰的。

2 真麻糬
기모찌

鮮果麻糬皮薄餡料新鮮豐富

📍제주 서귀포시 중정로73번길 4 📞064-743-2905 🕐週二～五09:00～18:00，週六～一09:00～20:00 ₩1個2,000，6個10,000

這個小吃攤位專門以濟州島生產的水果來製成鮮果麻糬，口味會因季節而有所不同，其中最推薦的是漢拿峯橘子口味，麻糬內包裹了半顆的新鮮漢拿峯橘子，配搭著一點紅豆泥，清甜帶微酸的漢拿峯和淡淡的紅豆泥味道非常搭，搭配起來加上麻糬外層皮薄Q彈相當好吃。另外還有草莓、奇異果、香蕉、柑橘、葡萄以及鳳梨口味，都非常美味！

● 第一段瀑布有絕壁背景和如綠寶石的流水，令人驚豔難忘

天帝淵瀑布
천제연폭포

仙女都說美的三段式絕壁瀑布

♀ 제주 서귀포시 천제연로132 ☎ 064-760-6331 ◐ 每天
09:00～18:00 ⑩ 一般2,500，青少年、兒童1,350 ◀ 搭乘
巴士282號到天帝淵瀑布(천제연폭포)站下車，再步行約3
分鐘

傳說玉皇大帝身邊的仙女們在這裡玩樂過後，回天庭之前說要把這座池子命名為上天的池子「天帝淵」，這就是天帝淵瀑布名稱的由來。天帝淵瀑布總共分為三段，第一段瀑布就是最美麗絕倫，東邊岩石洞窟的絕壁，有水從天上流下來，雖然有時沒有水流下來，但不影響絕景的壯麗。這裡清澈見底的流水，就像綠寶石般耀眼奪目，讓人為之驚豔。古老流傳中元、處暑時分，淋過這裡的水就能消除百病，但現在已禁止游泳了。天帝淵瀑布的第二、三段中途會有雕刻著美麗七仙女的拱形「仙臨橋」，經過仙臨橋就會來到被稱為「天帝樓」的樓閣，附近的美景也值得一逛。逛完三段瀑布大約需要1小時，如果時間有限，可以只看第一段瀑布，是天帝淵瀑布的觀賞重點！

● 天帝淵的第二段瀑布就在第一段瀑布的旁邊

● 溼地公園內的景致非常美麗，冬天時變成白雪叢林，雖然很冷但絕對是冬季必到的景點

漢拿山1100高地
한라산1100고지

漢拿山生態美景打卡必到點

Q 제주 서귀포시 색달동 산 1-2 ₩ 費用全免 ◀ 搭乘巴士240號到漢拿山1100高地休息所(한라산1100고지휴게소)站下車，再步行約1分鐘

漢拿山1100道路由濟州市一直延伸至西歸浦，海拔超過1,100公尺，故被稱為1100道路，但實際上是1139道路。從道路中間可以到達漢拿山登山路御里牧和靈室路線，亦可以繞著漢拿山走，整條道路上四季都有不同風貌，春天櫻花盛開，夏天翠綠的叢林讓人忘了盛夏，秋天滿山的紅葉讓人猶如置身夢境中，冬天白雪紛飛一片白濛濛的山嶺亦是絕美風景。

在1100高地服務區內，有停車場以及溼地公園，不同的季節來到1100高地，沿著溼地公園的木橋自然學習探訪路走，可以欣賞到高山溼地各異的美景。在1100高地的觀景台旁，就有一座白鹿石遠眺著遠方，亦是來過1100高地象徵！非常推薦冬天造訪，這邊的雪景真是一見難忘啊！

● 1100高地服務區停車場旁邊就有白鹿石，是1100高地的地標

● 河流變成一大片的白雪地

instagram seoyangchaguan

西洋茶館
서양차관

法式古典風舒芙雷厚鬆餅專賣店

♀ 제주 서귀포시 보목포로145 ☎ 064-732-1555 🕐 每天 11:00～20:00 ₩ 各餐點及飲料3,500～14,000 ➍ 1.建議直接包車或計程車前往。2.搭乘巴士281號到世紀公寓(세기아파트)站下車,步行2分鐘到對面的三業公寓(삼아아파트)站,換乘巴士630號到甫木港口(보목포구)站下車,再步行約14分鐘

　　在偶來小路6號的途中便會發現這間三層樓高的茶館,西洋茶館在韓國SNS上非常紅,原因是他們家那肥美飽滿厚彈的舒芙雷厚鬆餅,要找到這類厚鬆餅,口感也好吃的,在濟州只有這家。鬆餅非常鬆軟蛋味香濃,鬆餅的表面還印有「西洋茶館」4個中文大字,餐具和室內裝潢都是法式古典風格,美食照都能拍得非常精美。除了鬆餅外,他們的其他甜品及蛋糕造型都非常美麗,可說是精品美食,飲料茶品也都同樣是法式浪漫浮誇作風,美得讓人不禁狂按快門。

　　附近就是著名的遊樂景點牛沼端,在那裡可以體驗划船之類的水上活動,玩樂過後再來茶館小歇吃個鬆餅也不錯!

Cafe Lucia's
카페루시아

峭壁、海景和油菜花海相伴

instagram jeju_lucia

Q 제주 서귀포시 안덕면 난드르로49-19 **☎** 064-738-8003
🕐 每天11:00～20:00 **₩** 各餐點及飲料4,000～7,500 **🚌**
1.建議直接包車或計程車前往。2.搭乘巴士282號到猊來
入口(예래입구)站下車，同站換乘巴士633號到大坪里(대평
리)站下車，再步行約7分鐘

　這家店可說是大坪里內最有名的SNS網紅店，
連著名韓綜《RUNNING MAN》成員HaHa都來
私訪過。位於大坪里偶來小路8號路線上，店的
前面是南部的碧海藍天，右邊是極為壯觀的泉
水峭壁絕景，在春天時店前的庭院還會種滿油
菜花和蕎麥花，坐在這裡喝咖啡享受悠閒，很愜
意。店內復古的家具、照明和可愛小物件是客人
喜歡這裡的原因之一，因為拍照太好看了，加上
咖啡味道很棒，重點是有可愛帥氣歐爸店員顧
店，吸引許多少女來訪！

● 咖啡店外可看到美麗的泉水峭壁美景，春天時分店外更有油菜
花海盛開

CAFE WOODNOTE
카페우드노트

綠草樹林品味咖啡店

instagram cafe_woodnote

Q 제주 서귀포시 남원읍 태위로510번길 49 **☎** 064-738-
8003 **🕐** 每天11:00～00:00，週三11:00～18:30 **₩** 各餐
點及飲料5,000～7,000 **🚌** 搭乘巴士231號到新城洞(신성
동)站下車，再步行約7分鐘

　Woodnote運用綠草和濟州黑石營造出的氛
圍，讓這裡成為韓國網紅打卡咖啡店，而且全店
都是大型落地窗，讓人可以完全感受戶外森林的
氣氛。這裡的咖啡香味濃郁，特別推薦品嘗美式
及拿鐵咖啡，絕對可以感受到咖啡的香醇餘韻。
店內正中央的大窗戶是此店的打卡重點，記得要
在這裡拍照留念啊！如果冬天來唯美里賞冬柏花
的話，賞完花不妨來CAFE WOODNOTE休息一下
吧，店家位置就在冬柏花園附近。

● 這個方格窗戶是此店的打卡重點

● 特大的黑豬肉王炸豬排，尺寸超級驚人，雖然尺寸大，但外層裹粉不會很厚

● 雪花起司義大利麵同樣是美味之選

偶來後院
올레안뜰

超特大王炸豬排好吃好拍好滿足

♀ 제주 서귀포시 법환로24 ☎ 064-738-7720 ◐ 每天 11:30～16:00，17:00～20:00 ◑ 各餐點11,000～22,000 ➋ 1.建議直接包車或計程車前往。2.搭乘巴士181號到西歸浦女子中學校(서귀포여자중학교)站下車，同站換乘巴士643號到法還農協(법환농협)站下車，再步行約2分鐘

這家超超超巨型炸豬排的人氣非常高，韓國旅客來濟州都會專程來這裡用餐打卡，招牌黑豬王炸豬排約有兩人份，足足有3～4隻手掌大小，外層以薄薄炸粉包裹著黑豬肉，外脆內嫩，是真材實料的美味，整份豬排吃完雖然很飽，但不會油膩！另外他們的拉絲起司碎義大利麵也是一絕的好味道！一行三人點一份王炸豬排和一份起司碎義大利麵，吃完後超滿足的！

基本菜單

♡ 黑豬肉王炸豬排 / 흑돼지왕돈까스
○ 番茄義大利麵 / 토마토스파게티
♡ 雪花起司義大利麵 / 눈꽃치즈스파게티
○ 奶油義大利麵 / 크림스파게티

● 餐廳內是傳統韓屋設計，客人都是席地而坐吃巨型大豬排

●韓國人稱這裡為大海烤肉

●吃著五花肉欣賞著田園＋大海美景

●厚實美味的新鮮黑豬五花肉

蘭得勒大海
난드르바당

望著大海吃美味五花肉

📍 제주 서귀포시 하예하동로16번길11-1 📞 064-739-0053
🕐 每天11:00～22:30 休 週四 ₩ 黑豬肉兩人份50,000，白豬肉兩人份38,000 🚗 1.建議直接包車或計程車前往。
2.搭乘巴士282號到猊來入口(예래입구)站下車，同站換乘巴士633號到돔뱅이왓站下車，再步行約2分鐘 ℹ 店內有中國店員，溝通上沒問題

位於偶來小路8號路線上的黑豬肉海邊烤肉店，是連本地人都稱讚新鮮味美的餐廳。老板是濟州人，老板的媽媽是海女，所以他們的烤肉店也有提供海鮮，而客人吃到的所有海鮮當然也是海女媽媽捕獲而來，保證新鮮。另外，他們使用的都是最高級的在地黑豬肉，五花肉的脂肪和瘦肉比例剛剛好，烤過的肉質仍然能保留肉汁又不會油膩，沾上媽媽特製獨門祕方：濟州鯷魚醬，讓黑豬肉的鮮味更升級！這家烤肉店可算是雪姬在韓國吃過數一數二好吃的烤肉店，並且坐擁美麗大海洋及自家田園，一邊吃著美味黑豬肉一邊欣賞大自然，這也是韓國人極推薦的濟州烤肉店原因之一吧！

基本菜單

♡ 濟州生黑豬肉2人份起＋大蝦大醬湯 /
제주산 흑돼지＋딱새우 된장찌개

○ 濟州生白豬肉2人份起＋大蝦大醬湯 /
제주산 백돼지＋딱새우 된장찌개

instagram gagamel_jeju

GAGAMEL
가가멜
口味多樣的甜蜜伴手禮

● 제주 서귀포시 문부로8 ☎ 070-7798-2360 ● 週二～六 11:00～17:00 ● 週日、一 ● 8個7,500，16個14,000 ● 搭乘巴士281號到東門路轉盤(동문로터리)站下車，再步行約7分鐘

　　韓國近年興起手工焦糖軟糖熱潮，在濟州西歸浦同樣能找到，可以選擇的口味多，作為伴手禮送給朋友很合適。手工焦糖軟糖有多種口味，香草、柚子、綠茶、牛島花生、紅莓、牛奶、格雷伯爵茶、巧克力以及海鹽等，可以按自己的喜好選擇，亦可選購綜合口味組合。此店位置就在西歸浦每日偶來市場附近，從市場徒步過去大概只需10分鐘。

貼心叮嚀
軟糖若過軟，先放到冰箱冷藏
　　焦糖軟糖食用期限為14天，不能直接曝曬太陽，請保存在室溫15～25度之間，若焦糖軟糖變得過軟溶化，要先放回冰箱冷藏15分鐘，回復正常後即可食用。

Dami Dami
쓰담뜨담
網紅自家製手工小物紀念品店

● 제주 서귀포시 안덕면 난드르로 49-50 해녀의 집2층 ☎ 064-738-4950 ● 夏季10:00～19:00，冬季10:00～18:00 ● 週三 ● 建議直接包車或計程車前往。或搭乘巴士282號到猊來入口(예래입구)站下車，同站換乘巴士633號到大坪里(대평리)站下車，再步行約6分鐘

　　位於西歸浦偶來小路8號路上的手工小物店，最大特色是大部分精品小物都是老板自己手作設計，店內亦有老板手工藝製作的空間，自製產品如飾品、明信片、蠟燭、字畫等等。這裡同時經營咖啡店，客人選購小物之餘也可以坐下來欣賞一下海景，店外還有為打卡而設的簡單壁畫，手寫著可愛字句「안녕,제주」(你好，濟州)，是客人來到必拍的打卡位置。

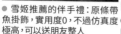
● 雪姬推薦的伴手禮：原條帶魚掛飾，實用度0，不過仿真度極高，可以送朋友整人 ● 這個小小壁畫配上大海是這店的網紅打卡位置

Jeju Water World
제주워터월드

西歸浦最大型汗蒸幕與水上樂園

📍 제주 서귀포시 법환동914　📞 064-739-1930　🕐 桑拿以及汗蒸幕24小時　💲 成人10,000，兒童9,000　🌐 www.jejuwaterworld.co.kr　🚌 搭乘巴士282號到濟州世界盃競技場(제주월드컵경기장)站下車，再步行約10分鐘

● 如果有小孩同遊，這裡設有室內水上樂園，家長去汗蒸時，小孩可以去玩遊樂設施

● 室內公共休息室非常大，設有上下鋪、太空艙床位，可以隨意找個舒適的空間躺下來

　　位於濟州世界盃體育場的後方有一個水上樂園，裡面除了有室內水上遊樂設施外，還有大型汗蒸幕設備。基本上跟一般汗蒸幕相同，需要先洗完澡才可去水上遊樂園玩耍，如果只想要休息補眠，可直接到公共休息大廳，那裡有上下鋪以及太空艙床位等供客人使用，客人只要選擇適合的位置躺即可。汗蒸幕服務同樣提供多種汗蒸房選擇，亦有按摩美容及餐廳小吃服務等。

Danguree海水足浴咖啡店
댕규리네해수족욕카페

海水柑橘海邊足浴店

📍 제주 서귀포시 논짓물로 13　📞 064-738-8500　🕐 每天10:00~21:30　💲 各餐點及飲料4,500~11,000　🌐 nonjitmulcafe.alldaycafe.kr　🚌 建議直接包車或計程車前往。或搭乘巴士282號到猊來入口(예래입구)站下車，同站換乘巴士633號到下猊中洞(하예중동)站下車，再步行約11分鐘

　　位於西歸浦海邊的橘子主題足浴咖啡店，以可愛的橘子妹妹作裝置，客人可以坐在一望無際的落地窗戶前泡腳，客人只需付5,000₩就可以進場。可另外購買橘子足浴鹽在泡腳時倒進熱水中，這裡泡腳的水都是直接從大海收集回來的真正海水，加熱了的海水再加入橘子足浴鹽，促進血液循環和暖身的效果非常顯著，也有美白及舒緩疲勞的功效。距離足浴咖啡店15分鐘車程左右，就是著名景點大浦海岸柱狀節理帶，逛完景點過來泡泡腳再出發。

● 客人可以購買橘子足浴鹽(1,000₩/包)來泡腳，有行氣活血之用，泡完整個人超溫暖

飯店好好眠

　　到濟州旅遊建議住在北部(濟州市區)會比較適合,主要是因為接近機場,不用拖著大行李換車,此外,此區的商店和餐廳都比較晚關門,一天行程結束回到市區還可以吃晚餐或逛逛街,若是選擇巴士遊,從市區坐巴士到各景點因為路線選擇多也會方便很多。如果真的需要住在其他地區,建議最後一晚住宿要選擇濟州市區, 因為離開濟州的飛機航班都是在清早或凌晨,這個時間很難搭計程車或巴士,所以若是住在市區,回程去機場就方便許多。

新濟州市內 | 蓮洞　　　　　　　　

濟州通飯店
HOTEL TONG JEJU
호텔통

◉ 제주 제주시 사장1길 28 ☎ 064-744-2193 ◷ check-in 14:00,check-out 11:00 ◉ 從濟州國際機場搭乘計程車約10分鐘 ₩ 車費約4,500 ⊕ www.hoteltongyeondong.com

　　通飯店位於蓮洞區寶健路附近,櫃檯人員能以英文或中文溝通,不用擔心溝通問題。房間面積頗大,打掃工作做得很好,浴室清潔得非常乾淨,房間內的基本用品都齊全,也有提供室內拖鞋,飯店樓下大廳的公用空間設有電腦以及微波爐等,方便住客使用。此外,公用空間還設有大型行李磅秤,回程收行李時就不怕超重了。房型設有基本單人房、雙人房及家庭房,家庭房有公用陽台連兩個房間,整套房間可以住5個人,而且費用較為划算!如果大家不要求美景及豪華裝潢,只要交通、購物便捷,這裡是最適合之選,加上他們是遊韓部落客們極推的飯店之一,可說是信心保證!

濟州格蘭德飯店
MAISON GLAD JEJU
메종 글래드 제주

📍 제주 제주시 연동263-15 📞 064-747-4900 🕐 check-in 14:00，check-out 12:00 🚗 從濟州國際機場搭乘計程車約10分鐘，另外飯店亦有免費機場巴士接駁車服務供住客搭乘 💰 車費約4,500 🌐 www.maisongladjeju-hotels.com

　　格蘭德飯店位於蓮洞區中心的六星飯店，對面正是濟州購物必到的新羅免稅店，而飯店旁邊就是蓮洞購物街和寶健路，對面便是巴士站，主要的巴士都會在此停靠，故此地理位置及交通非常便捷，而且飯店設有專用停車場，供開車的旅客使用。飯店提供「免費機場巴士接駁車」，只要是住客都可以搭乘往返機場。追求購物及交通便利，也想要舒適住宿環境的旅客，只要預算充足，這裡絕對是最好的選擇。飯店1樓有便利商店，1、2樓都設有不同的餐廳、商店、咖啡店、酒吧、健身房、室內高爾夫球場和賭場等，戶外有恆溫游泳池，亦有家庭泳池和桑拿房、高爾夫球場、戶外露營及燒烤區等設施，很適合家族旅遊入住。

天狼星飯店
HOTEL SIRIUS
호텔시리우스

📍 제주 제주시 연동 2334-4 📞 064-743-1147 🕐 check-in 15:00，check-out 11:00 🚗 從濟州國際機場搭乘計程車約5分鐘 💰 車費約3,900 🌐 www.hotelsirius.co.kr

　　天狼星飯店是於2018年3月才落成的飯店，座落於蓮洞區，有三款房型，部分面海房間可觀賞飛機起飛降落，其中部分高級套房更設有按摩浴缸，旅程結束回到飯店房間可以休息舒緩一下疲勞的身心。飯店提供收費的自助早餐、中西式兩種選擇，味道不錯因此廣受住客歡迎。另外，飯店頂樓設有濟州市區內唯一的室內恆溫游泳池，一年365天全天候開放，只要是飯店住客都可免費使用。

愛麗絲和特倫克飯店
hotel alice & trunk
호텔 앨리스 앤 트렁크

📍 제주 제주시 연동 12길 4 📞 064-742-2888 🕐
check-in 15:00，check-out 11:00 🚕 從濟州國際
機場搭乘計程車約10分鐘 💰 車費約4,500 🌐 www.
aliceandtrunk.com

　　位於新濟州市的蓮洞區寶健路附近，是市區內
較為罕見別具風格的四星飯店，於2019年中旬
正式落成，以「愛麗絲夢遊仙境」為裝潢主題，
整個飯店的公共空間都非常有特色。每個房間的
空間很大，飯店還會為每位客人送上一片特製的
保溼面膜，為疲倦的客人提供貼心的小心意。另
外，這飯店的餐廳還有供應西班牙餐點，聽說是
濟州島上唯一經營西班牙料理的餐廳。值得一提
的是，飯店在濟州市區外擁有自己的私人海灘，
夏天可以請飯店預約海灘體驗。飯店的對面有
24小時的小型超市，附近亦有便利商店、餐廳、
酒吧等，旁邊是飯店停車場，絕對是超級方便的
住宿配套。

舊濟州市內 | 塔洞

雲雀飯店
Whistle Lark Jeju
호텔휘슬락

📍 제주 제주시 건입동1443-2 📞 064-795-7000 🕐
check-in 15:00，check-out 11:00 🚕 從濟州國際
機場搭乘計程車約20分鐘 💰 車費約6,500 🌐 www.
whistle-lark.hotelsinjeju.com/zh

　　於七星路街往海邊方向一直走，就會看到雲雀
飯店，2017年才落成，主要分為三種房間，包括
海景房、海港房以及城景房供大家選擇，海港房
就是看著海港碼頭的景致，城景房則主要是看著
小型摩天輪遊樂場(摩天輪很美，但因為遊樂場
晚上12點才打烊，如果你是早睡的人，遊樂場的
聲音比較大，睡眠容易受到影響)，飯店房間頗
大，而且每個房間都有大大的陽台，夏天在陽台
吃宵夜望著海景，多麼寫意！飯店附設游泳池，
可說是度假的首選。

新濟州市內 | 老衡洞

金珠媽濟州部屋

Q 제주 제주시 원노형남1길 4 ☎ 010-8448-9942 🕐
check-in 15:00，check-out 11:00 ➍ 從濟州國際
機場搭乘計程車約15分鐘 ⓦ 車費約6,000 🌐 www.
airbnb.com.hk/users/show/202169869

　　這間Airbnb民宿位於老衡洞內，是一對港韓
夫婦經營的民宿，位置位於三大超商的正中間，
對於想要瘋狂購物的人非常方便，徒步到emart
只要2分鐘，再徒步到大創百貨也是2分鐘，最後
徒步到Lotte Mart也只要5分鐘。一間房可住2～
4人，陽台景觀可以看到濟州機場的飛機降落景
致，房間設有開放式廚房，裡頭有冰箱及微波爐
等，設備齊全；洗手間空間足夠，梳洗用品都齊
全但不提供牙刷(需自備)，房間打掃得一塵不染
非常乾淨。另一大特點是房東溝通無礙，會講國
語、廣東話、英語三種語言。此外，搭車去機場只
要15分鐘左右，交通方便。

城山日出峰附近

濟州普雷斯坎普飯店
Playce Camp jeju
플레이스캠프 제주

📍 제주 서귀포시 성산읍 고성리297-1 📞 064-766-3000
🕐 check-in 14:00，check-out 11:00 ✈ 從濟州國際機
場搭乘計程車約1小時，或搭乘紅色急行巴士111、112
號到城山換乘站(성산환승)下車，再步行約10分鐘 Ⓦ
計程車約40,000 🌐 www.playcegroup.com

　　雪姬極推薦的城山附近可賞日出的飯店，位於濟州東部城山日出峰附近，這是一個複合式文化地帶，除了有飯店和旅館外，還有不同的餐廳、咖啡店、週末假日市集、文青特色店等。整體設計走美式工業風，旅館設有三種房型，但房間空間偏小，不太方便擺放大型行李，房間同樣是工業風設計，非常乾淨、床鋪也很舒適，適合背包及小資旅人入住。另外，飯店建築都是以樓中樓形式設計，而且全部都座擁城山日出峰景致，裝潢都甚為高級，適合預算高的家庭客入住。來到這裡記得到他們的咖啡店Dorrell嘗一杯招牌咖啡NUTTY CLOUD，絕對會令人回味！再到大型生活雜貨店Joshua's Favorite看看有什麼濟州精品伴手禮可以帶回家！

雪姬的賞日出妙招

　　飯店的「standard plus」房型中有部分房間正面對著城山日出峰，客人可以提早抵達飯店並要求入住較高樓層面向城山的房間，只要調好鬧鐘準時起床，清晨就可以舒服地躺在床上欣賞濟州最美的日出，有日出有城山有床，哪需要跟別人一樣傻傻的吹著冷風看日出呢！

西歸浦區

濟州波恩傑飯店
HOTEL THE BORN JEJU
호텔더본 제주

제주 서귀포시 색달동2138 📞 064-766-8988 🕐 check-in 15:00，check-out 11:00 📍 從濟州國際機場搭乘計程車約45分鐘，或搭乘機場巴士600號到猊來入口站(예래입구)下車，再步行約6分鐘 💰 計程車約30,000 🌐 www.hoteltheborn.com

波恩傑飯店位於西歸浦區，在韓國人口中被稱為「白鍾元飯店」，因為飯店內以一間白鍾元的品牌咖啡店PAIK'S COFFEE而聞名。這裡的住客80%以上是韓國人，外國遊客極少。房間有多種房型，基本雙人房、三人間、家庭房和傳統榻榻米房間等，而房間窗戶的景色大致分為面向橘子園或是面海的景致。入住的客人可以獲得免費咖啡兌換券，憑換領券便可到飯店內的PAIK'S COFFEE免費兌換一杯咖啡！這絕對適合睡醒要喝杯醒腦咖啡的旅人。而飯店內亦不缺餐廳及便利商店，除了有韓式餐廳外，還有中菜餐廳和西餐廳。飯店對面就有巴士站可以直接到達西歸浦市中心和中文市區，還有機場巴士站直達機場，交通非常方便。想找南部區域住宿的人不妨入住這裡。

機場實用資訊 AIRPORT

濟州國際機場

位於濟州市區,分為國際線及國內線兩部分,是韓國第三大機場。國內線航班都能直達韓國本島各大機場。國際線則有多個航班前往國外如台灣、中國、香港、澳門、日本等鄰近國家城市。

從機場到濟州市區可搭乘巴士或計程車,到新濟州市車程大約是10~15分鐘,到舊濟州市則是15~20分車程;另外,機場旁邊亦設有多家租車場方便自駕人士選擇。

濟州國際機場
⊕ www.airport.co.kr/jejuchn/main.do(簡中)

◇ 國際線

國際線位於機場的Gate 4~5,國際線入境大廳設於1樓,出關之後沒什麼店家,要一直走到國內線才會有便利商店。而國際線出境大廳設於3樓,Gate 5靠左最裡面只有一間小小的7-11便利商店,在Gate 4~5之間近大門位置就會有退稅服務櫃位、行李寄放處,以及自助辦理登機的機器等。在國際線出境管制區候機大堂內有小型的免稅店、免稅店提貨區、濟州島紀念品店、餐廳及咖啡店,但候機大廳坐位比較少,有可能需要站著等待登機。

雪姬小情報

轉乘飛往濟州

大家不妨來個韓國跳島遊,先飛往首爾金浦機場或釜山金海國際機場,再換乘國內線航班前往濟州島。如果直飛濟州的航班時間無法配合,到金浦或金海換乘國內線也是不錯的選擇,因為去釜山或金浦的航班更為密集,但必須留意「時間」安排,金浦飛濟州需要約1小時15分鐘,而金海飛濟州則約1小時。

●小小的7-11就在Gate 5附近

●行李寄放服務櫃位

◇國內線

國內線在機場的Gate1～3，人潮比較多占地亦比較大，1樓是國內線入境大廳與國際線互通，一出關口就有便利商店，若要購買交通卡或需要儲值都可以在這裡辦理。而國內線的出境大廳設於3樓，同樣跟國際線互通，出境大廳有許多咖啡店，亦設有多部自助辦理登記的機器。通過海關進入國內線的出境管制區候機大廳，會有較大的免稅商店，銷售的商品亦比較齊全。順帶一提，KAKAO FRIENDS的專櫃也在裡面。

●國內線內的JDC免稅店

入境

入境韓國時需要繳交「入境卡」(有中文)以及「海關申報單」(有中文)，機上空服員會發放，只需在下飛機前填寫好，下機過海關時交「入境卡」給海關人員即可，過海關時會要求入境者拍下臉部影像和掃描雙手食指的指紋。如果忘了填寫「入境卡」，在過海關前都會有櫃位索取及填寫。取行李、步出管制區前再把「海關申報單」交給在場的工作人員即可離開。

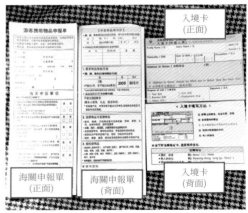

●左邊：海關申報表，右邊：入境卡，兩者都有中文

出境

搭乘國際線出境離開濟州,建議起飛時間前兩小時到達機場辦理登機手續。從濟州市區坐計程車到機場車程約10～20分鐘左右,再加上等車時間約10分鐘,建議需預留至少半小時的車程時間。

如果欲搭乘國內線前往韓國國內其他城市,若有行李需要託運必須於起飛前45～60分鐘前抵達辦理登機手續,如果沒有託運行李只有手提行李,最晚為起飛前20分鐘前辦理登機手續。

● 國際線內的新羅免稅店

KAKAO FRIENDS機場專賣店,人潮眾多

雪姬小情報

國內線候機大廳內的JDC免稅店比國際線大,貨品也相對齊全,加上KAKAO FRIENDS也在裡面設櫃,若要最後衝刺購買KAKAO FRIENDS商品,請多預留時間提前到達機場,客人非常多,結帳時可能需要排隊啊!

◇ 韓國自動通關
(SeS-Smart Entry Service)

申請自動通關的辦事處櫃位就在濟州國際機場的3樓出境大廳Gate3～4之間,韓亞航空櫃檯左方貴賓室走道進入後左轉便抵達。

如何辦理自動通關?

條件

年滿17歲以上的台灣或香港旅客

辦理程序

入境韓國後攜帶護照至指定申辦處 ▶ 提交護照 ▶ 蒐集照片及指紋影像 ▶ 通過檢核並貼上SeS註冊貼紙 ▶ 完成申請,之後出入境韓國即可使用快速的自動通關

● 韓亞航空櫃檯左方貴賓室走道進入後左轉,便到達申辦處

簽證 / VISAS

자동출입국심사
Auto Immigration Clearance System

Name YEUNG

Date of birth

From 2016.SEP.20   2024.DEC.22
Immigration Stamp Exempted

KOREA IMMIGRATION SERVICE

● 申請自動通關時,職員會在你的護照內貼上一張SeS註冊貼紙

入境台灣，物品檢驗限制

貼心叮嚀

入境回台灣有嚴厲的出入境檢驗限制，不能攜帶肉製品(所有肉類)入境，肉乾、香腸、臘肉、火腿、肉製零食、真空包裝肉等，以及新鮮蔬果均不可攜帶回台，萬一被搜出將會面臨高額罰款，買伴手禮時要注意啊！而入境韓國要留意同樣不能攜帶肉類製品。

不可攜帶回台之物品與種類	可攜帶回台之物品與種類
泡麵類 只要泡麵含肉塊都一律禁止帶回台灣 X 乾燥調理包中含豬肉、牛肉、雞肉類等 X 肉骨粉、肉粉、雞肉粉等肉末粉狀物	**泡麵類** ✓ 素食泡麵 ✓ 含罐頭包裝之調理包
化妝保養品類 X 玻璃安瓶(AMPOULE)	**化妝保養品類** 單樣攜帶總價值2萬台幣以上(需要報稅) ✓ 面膜、眼霜、唇膜、化妝水、精華液等之類「未含藥用」成分的美妝品，每種最多12瓶，合計不超過36瓶 ✓ 包含染、燙髮劑、防曬、美白產品
甜點、蛋糕類 X 有「新鮮水果」的蛋糕和甜點	**零食類** 旅客攜帶自用食品入境「單一品項6公斤」內免申請輸入查驗 ✓ 果凍類(只能託運) ✓ 布丁類(只能託運)
蔬菜、水果、植物類 X 新鮮蔬果 X 植物種子、種苗 X 含種子(會發芽的)產品	**蔬菜、水果、植物類** ✓ 果乾、罐頭等已加工過產品 ✓ 瓜子 ✓ 醃菜類 ✓ 果醬類(只能託運)
乳製品、牛奶類 X 生奶、鮮乳 X 生乳卷蛋糕	**乳製品、牛奶類** ✓ 有包裝之保久乳、奶粉、乳酪、優酪乳

(製表／雪姬)

機場往返島上各區的巴士

抵達濟州後可以搭乘不同的巴士前往各區,以下的巴士路線都會經過主要住宿地區和大型飯店,遊客可以按照住宿的位置選擇不同的路線,在最接近飯店的車站下車。

◇ 機場豪華巴士600
-往返中文旅遊區及西歸浦區

巴士為循環運行,每隔14～16分鐘一班,車程總需時約80分鐘。車資4,500～5,500₩不等。行駛到站都會以中、英、日、韓不同語言報站名。

從機場出發的上車地點在機場3號出口旁,上車時會有售票員將在車廂內售票。

查詢各巴士的途經站名:

🌐 bus.jeju.go.kr (簡中 / 韓/ 英)

<u>從機場出發</u>

運行時間

06:20(首班車)～21:50(末班車),深夜加開班次22:25、22:50

約50分鐘　　　　　　約30分鐘
濟州國際機場 🚌 中文旅遊區 🚌 西歸浦最終站:西歸浦卡爾飯店

<u>從西歸浦出發</u>

運行時間

06:00(首班車)～21:40(末班車)

約30分鐘　　　　　　約50分鐘
西歸浦發車站:西歸浦慶南飯店 🚌 中文旅遊區 🚌 濟州國際機場

備註:運行時間會根據飛機起降與道路交通狀況而有所變動

◇往返濟州市中心各巴士資訊

出發地	目的地	途經地區	搭乘巴士路號
濟州國際機場	濟州市中心 (新城區圈)	蓮洞、寶健路、老衡洞等	-藍色幹線332、315、3001(深夜) -綠色支線 465、466
	濟州市中心 (舊城區圈)	七星路街、東門市場、塔洞等	-藍色幹線316、325、326、344
	濟州市外巴士客運站 (제주시외버스터미널)	--	-藍色幹線315、331、332、3001(深夜)
	城山港 (성산항)	--	-紅色急行線111、112

＊資訊時有異動，請先上官網查詢   (製表／雪姬)

海上交通

除了飛機可以到達濟州島外，還可以選擇坐船，遊客最常選擇的國內船班是往來釜山－濟州的航線，晚上在船上看看夜景、睡覺，早上醒來時剛好抵達目的地。

◇釜山－濟州渡輪(ENA Car Ferry) -BLUE STAR號

船上的房型從2人房到12人房都有，票價也因房型而異，最低單程48,500₩，週末或假日則是53,200₩起。配套設施有餐廳、便利商店、娛樂室、KTV、小型酒吧等。可利用電話(中、英、韓)或網站(韓)預約，或是現場購票。

📞 +82-1661-9559
🌐 enacarferry.haewoon.co.kr
ℹ️ 需攜帶護照等身分證明證件，開船前1小時開始登船

出發地	目的地	運行日	出發時間	抵達時間
釜山	濟州	週一、三、五	19:00	07:00
濟州	釜山	週二、四、六	18:40	07:00

＊資訊時有異動，請先上官網查詢

● 濟州港國際客輪站設有便利商店等店鋪

濟州島上交通 TRANSPORTATION

● 第一趟下車時刷卡，當天第二次搭乘巴士時便可享轉乘優惠

在濟州沒有鐵路只有巴士和計程車，在市內搭計程車，距離都不會太遠所以費用不貴，但若搭到市區外的景點則不划算了。因此很多人都會選擇搭巴士到各大景點，價錢便宜，重點是濟州巴士系統很新。但要注意的是，巴士的行駛時間和路線仍不穩定，而且市區以外大部分站牌都在荒郊野外，附近空無一物，只有一個小小的牌子，若等不到巴士肯定會心慌。認真的建議大家冬天別選擇坐巴士遊濟州，網路上有人會形容說「#冬天在濟州等巴士是世界級的難受」，這絕不是開玩笑啊！冬天確實會讓你覺得自虐。

坐巴士遊濟州雖然很便宜，但需要花上大半時間在坐車或等候上面，確實很浪費時間，但非常適合小資旅行！然而，如果是兩個人或以上一起到濟州玩的話，比較建議大家花一點錢包車，時間完全可以由自己掌握，一天可多跑幾個景點，每天的行程會更充實，一點都不浪費。

交通卡

韓國全國通用的T-money卡及cashbee交通卡，在濟州任何一間便利商店都可買得到，同時還提供儲值服務，交通卡除了可用在搭乘公共交通工具外，亦可在便利商店消費。交通卡沒有使用期限，可以留著待下次訪韓時再用。

交通卡轉乘優惠

持交通卡轉乘不同巴士，都可享轉乘優惠。搭乘巴士時，如果下車30分鐘內換乘其他巴士的話，只要在第一趟下車時刷卡一次，轉乘第二趟巴士時便可享折扣優惠，一天內可享兩次轉乘優惠，並以一人一卡計算。如果是當天的最後一趟車程，下車時就不用再刷卡了。

● T-money 交通卡

● cashbee 交通卡

各交通工具優劣比較

注意：韓國不承認台灣的國際駕照，因此台灣旅客到濟州旅遊，暫時無法自駕。

交通工具	費用	每天可到景點	優點	缺點
巴士	約1,200～3,500₩/單程	基本上3個景點，最多4個景點已是極限	最便宜	大半時間都在坐車等車，難以控制行程，突發狀況多
包車 *建議使用	約15～17萬₩起 *以2～5人計算/每台車，每天8小時	至少5～7個景點	雖然比較貴但可以與旅伴一起攤分，比計程車便宜，可以直接找懂中英文的司機，行程完全客製化，懶人首選	需要提早預約包車，相對比巴士貴，超時要加錢
計程車	2,800₩起跳	大約4～5個景點	適合短距離行程，可使用APP叫車。也有提供計程車包車服務	價錢昂貴，逐程收費，在一些遍遠景點難以叫計程車。計程車包車費用貴
自駕	基本車型約4～5萬₩起/天	大約4～5個景點	拿到車後可隨時隨地出發，行程完全自訂，收費合理，有不同車種選擇	濟州山路多，特別是南部，自駕會有一定難度。住宿要選擇有包含停車場設施

*備註：以上的計算包含大型景點和小型景點，而且只在同一個分區內

(製表／雪姬)

輕鬆巴士遊

　　濟州的巴士除了提供非常方便的免費Wi-Fi服務外，巴士上的報站系統都設有中、英、日、韓4國語言，以便遊客閱讀車站訊息以及知道自己正前往哪裡，另外市區的巴士站牌訊息螢幕也同樣有中文。通常在濟州市區，會以濟州國際機場或濟州市外巴士客運站為統一出發點，這兩個地方都一站式集結了大部分的巴士路線，前往各大景點相對較容易且方便。本書所提供的前往方法，都是以濟州市外巴士客運站為出發點，以供參考。

濟州巴士路線查詢

🌐 bus.jeju.go.kr(簡中 / 韓/ 英)

◇ 急行巴士 ───────────────────────────

　　行走於市區以外的長途巴士路線，紅色的巴士車身，終點站都設在機場，運行的地區比較多，中途停靠車站比較少，所以車程亦比較短，大概1小時便能快速到達，但部分景點無法直達，需要另外換乘其他巴士。

◇ 幹線巴士 ───────────────────────────

　　同樣是行走於市區以外的長途巴士路線，藍色的巴士車身，運行班次比較少，但途經的車站大多是觀光景點，若從市區出發去各大景點都可以考慮搭乘。

◇ 支線巴士 ───────────────────────────

　　市區內運行的短途巴士路線，綠色的巴士車身，班次比較密集，行駛於市區各地方，適合想要深度了解市區或遊走於濟州市區景點與住宿間的巴士路線，車站亦比較多，車廂內的報站系統也較為清晰。

● 巴士站內會有QR Code，掃描就可看到即時到站資訊　● 巴士站內的巴士訊息顯示螢幕　● 濟州市外巴士客運站

● 急行巴士　　　　　● 幹線巴士　　　　　● 支線巴士

地圖APP應用

　　到濟州旅遊必定要安裝的手機軟體，就是韓國當地地圖。而資深的旅韓人甚至是韓國當地人都會同時安裝Kakao Map(韓文、英文)以及Naver Map(韓文、簡中、英文)。

　　Kakao Map的濟州巴士資訊最快更新且最精準，加上從2019年9月起Kakao Map與當地政府部門合作，把全島的巴士即時動態顯示在地圖上，並以每1秒/10cm為單位進行即時更新，用戶可以直接在地圖上查看到全島巴士的位置動態，而且巴士圖標顯示都會依照巴士的4種顏色去區分，更容易掌握巴士狀況。但礙於只有Naver Map才有中文介面，故此建議兩個APP同時使用，在旅程中搜尋巴士資訊時可以用Kakao Map，而一般使用則是使用Naver Map，兩者相互搭配，這樣在濟州遊就更輕鬆了。

　　上述兩種APP都有兩種功能：「喜好標籤設定」及「路線搜尋」。Kakao Map還可以查詢「即時巴士動態」。操作方式請見以下介紹。

FUNCTION 1　　喜好標籤設定

　　地圖的喜好標籤是一個非常實用的紀錄功能，我們可以在編排行程時為每一個想要去的地方標上標籤並分類，之後打開地圖便可輕鬆的把標籤過的地方找出來，此功能非常適合規畫行程時使用，因為濟州適合以分區安排行程，將所有景點標示好位置便一目了然。

Kakao Map

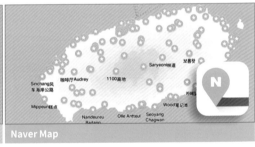
Naver Map

Kakao Map

STEP 1 點選旗幟圖標以標記想要記錄的地方。

STEP 2 點選存檔資料夾。

★ Default Folder

STEP
3

點選顏色進行分類，再按完成即可。

完成　完료

STEP
4

標註的地方會顯示顏色標籤。

Naver Map

STEP
1

點選星星圖示以標記想要記錄的景點，便可存檔。

STEP
2

標註的地方會顯示顏色標籤。

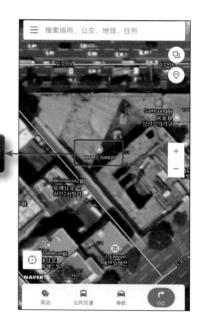

FUNCTION 2　路線搜尋

如果熟悉地圖應用程式的操作，濟州自遊行便沒難度了。

Kakao Map

巴士路線搜尋

STEP 1　以英文或韓文在出發地和目的地分別輸入地址、地名或電話（擇其一）。在上方圖示中點選交通方式（包括自駕、巴士、步行及自行車），開始搜索路線。

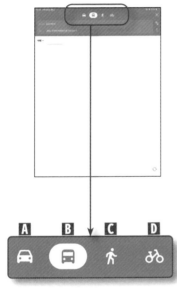

A 自駕路線 ／ **B** 巴士路線 ／ **C** 步行路線 ／ **D** 自行車路線

STEP 2　點選巴士圖示，設定好出發時間，出現所需時間內所有可行的各巴士路線，如果沒有設定就會顯示即時路線。每條路線會清楚顯示出上車站名、中轉站、下車站名、巴士號碼、下一班車到站時間、路線總需時、步行總時間以及所需車費金額。請點選想要查看的巴士路線。

A 可設定出發的時間，搜尋結果便會顯示可以搭乘的巴士路線 ／ **B** 路線總需時 ／ **C** 步行總需時 ／ **D** 所需車費金額 ／ **E** 若顯示兩個以上巴士圖示，代表需要換車 ／ **F** 上車站名 ／ **G** 可搭乘的巴士路線 ／ **H** 轉車車站 ／ **I** 可換乘的巴士路線 ／ **J** 下車站名

STEP 3

點選想查看的巴士路線,會出現更詳細的巴士路線資訊,包括每段步行路程所需時間。

STEP 4

只要點選搭乘需時旁的箭頭,便可看到更進一步的途經車站資訊。

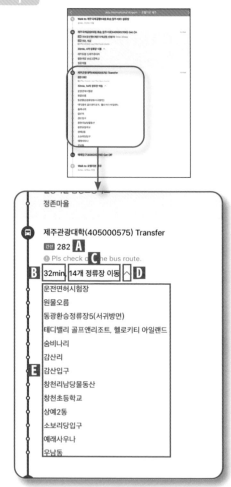

1hr 10min A

2min｜29min

Jeju International Airport B

Walk to 제주국제공항(대정,화순,일주서로) 정류장 C
2min, 117m 이동

제주국제공항(대정,화순,일주서로)(405002100) Get On D
급행 151(운진항)(제주국제공항,신평리) 1min 44sec E
급행 151, 152 F
ⓘ Pls check out the bus route.
29min, 4개 정류장 이동 ∨ G

제주관광대학(405000575) Transfer H
간선 282 I
ⓘ Pls check out the bus route.
32min, 14개 정류장 이동 ∨ J

예래입구(406000016) Get Off K

Walk to 호텔더본 제주 L
6min, 370m 이동

호텔더본 제주 M

A 全程總所需時間 / B 出發地點 / C 步行前往車站所需時間及距離 / D 出發車站 / E 如圖示,151開往雲津港的特別班次將於1分44秒抵達 / F 可搭乘巴士路線如圖示:151、152 / G 搭乘需時及途經站數 / H 下車站並同站轉乘巴士 / I 可轉乘的巴士路線 / J 搭乘需時及途經站數 / K 最終下車站 / L 需步行時間和距離 / M 目的地

정존마을

제주관광대학(405000575) Transfer
간선 282 A
ⓘ Pls check out the bus route. C
B 32min, 14개 정류장 이동 ∧ D
운전면허시험장
원물오름
동광환승정류장5(서귀방면)
테디밸리 골프앤리조트, 헬로키티 아일랜드
숨비나리
감산리
E 감산입구
창천리남물동산
창천초등학교
상예2동
소보리당입구
예래사우나
우남동

제주(406000160) Get Off
Walk to 호텔더본 제주
6min, 370m 이동

A 可搭乘的巴士路線 / B 搭乘需時 / C 途經站數 / D 點選旁邊箭頭 / E 詳細顯示會途經的各站名

自駕路線搜尋

STEP 1 輸入出發地和目的地後，按「汽車」圖示並可加入一個中途站進行搜尋，地圖便會出現一條建議自駕路線，以及顯示車程總需時和距離，此外有該路線搭乘計程車的預估費用。如果有其他路線選擇向左滑動以便查看。

STEP 2 按「Start Navi」便開始自動導航功能。導航開啟後便會有韓語語音導航，以及駕駛路線指引。

導航

地圖路線顯示

搭計程車可開啟導航

貼心叮嚀

如果搭乘計程車擔心司機亂繞路，建議上車時直接開語音導航給司機參考，可保障司機是跟著你的導航走不會繞路，藉此讓司機知道你有留意他的行駛路線。

A

From	Jeju International Airport	**A1**
Via	호텔휘슬락	**A2**
To	호텔더본 제주	**A3**

B

C

Recommended
C1 1hr 15min **C2** 46.6km
Taxi: ₩37,800~ **C3**

D

teddyvalleycc 도착

E Start Navi

A1 出發地點 ／ **A2** 中途站（只可加入1個中途站）／ **A3** 目的地 ／ **B1** 出發點位置 ／ **B2** 中途站位置 ／ **C1** 車程總需時 ／ **C2** 總距離 ／ **C3** 搭乘計程車預估費用 ／ **D** 目的地位置 ／ **E** 導航開啓鍵

▌Naver Map

Naver Map有中文介面，因此操作上也比較容易。

STEP 1　以簡體中文、英文或韓文在出發地和目的地分別輸入地址、地名或電話(擇其一)。點選頁面上交通工具圖示(包括巴士、自駕、步行及自行車)，便可開始搜尋路線。

A 巴士路線　/　**B** 自駕路線　/　**C** 步行路線　/　**D** 自行車路線

STEP 2　會顯示各種交通工具所需的時間，點選「汽車」圖示會出現自駕路線以及該路線搭乘計程車的預估費用等，可按「＋」以加入中途站進行搜尋。

A 加入中途站　/　**B1 B2** 各種交通工具需時　/　**C1** 不同路線選擇　/　**C2** 總共所需車程時間和距離　/　**C3** 搭乘計程車預估費用及預估耗油費用　/　**D** 導航開啓鍵

STEP 3　可加入5個中途站，方便安排行程。

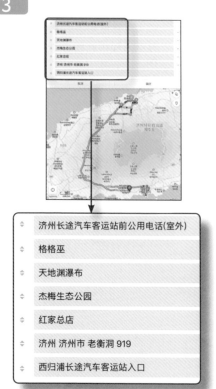

↕	济州长途汽车客运站前公用电话(室外)
↕	格格巫
↕	天地渊瀑布
↕	杰梅生态公园
↕	红家总店
↕	济州 济州市 老衡洞 919
↕	西归浦长途汽车客运站入口

FUNCTION 3　即時巴士動態

Kakao Map

STEP 1

點選頁面中紅框的圖示，設定即時巴位置功能

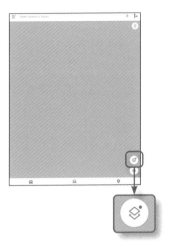

STEP 2

點選「巴士」圖示進入「濟州巴士」功能。

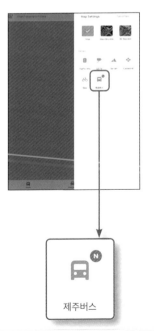

STEP 3

按「Confirm」以確定開啟「濟州即時巴士位置」功能，確定後地圖自動顯示到濟州島上。

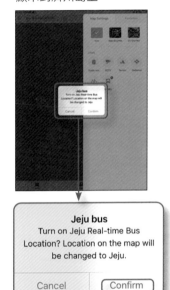

Jeju bus

Turn on Jeju Real-time Bus Location? Location on the map will be changed to Jeju.

Cancel	Confirm

STEP 4

開啟設定後地圖上便會出現一輛輛移動的巴士圖示，而巴士顏色是根據原來的巴士種類來區分。

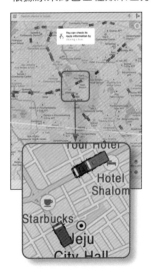

STEP
5

點選其中一台巴士便會出現該巴士基本資訊，例如車號、種類、出發、目的地以及下一個到達車站。按一下「資訊位置」便可查看的巴士的詳細資訊。

STEP
6

查看巴士的詳細資訊。

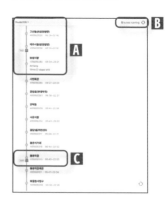

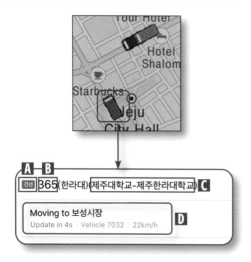

A 巴士類型 / B 巴士路線 / C 出發地及目的地 / D 巴士資訊位置

A1 巴士目前所在位置 / A2 預計到達時間和尚餘站數 / B 同號巴士運行數量 / C 下一班巴士位置

景點循環巴士

　　濟州島上有兩條景點循環巴士路線，代表色是黃色，巴士號碼是8字開頭。一條是由東廣換乘中心出發往東部走，另一條是由大川換乘中心出發往西部走，帶遊客走盡中山間地區的各個主要景點和小火山，而巴士上有專業的導遊講解各景點詳情、文化以及旅遊資訊。每條景點循環巴士路線都會有兩條相反方向行駛的巴士，以巴士號碼後再分為「-1」及「-2」區分，上車前必須留意。

🕐 首班車08:30出發，末班車17:30出發，發車間隔30分鐘一班
🚌 成人1,150，青少年850，兒童350 (單程計算)，只能使用交通卡，不接受現金
🌐 www.visitjeju.net/zh
ℹ 因為是循環巴士，不可以享受轉乘優惠

◇810號東部地區景點循環巴士

出發地／目的地	路線	巴士號碼
大川換乘中心	濟州世界自然遺產中心 ▶ 拒文岳 ▶ 善屹二里村 ▶ 仙女和樵夫 ▶ 宣仁洞村 ▶ 茶喜然 ▶ 下栗岳 ▶ 冬柏童山溼地中心 ▶ 韓島樂園 ▶ 御帶岳 ▶ 德川里村 ▶ 屯地峰 ▶ 迷路公園 ▶ 榧子林 ▶ 月朗峰入口(北) ▶ 濟州軌道自行車 ▶ 龍臥嶽 ▶ 月郎峰入口(南) ▶ 孫枝岳 ▶ 松堂里村 ▶ 亞父岳 ▶ 泉味岳 ▶ 內石岳 ▶ 外石岳 ▶ 敏岳	•810-1號：往泉味岳方向順向行駛 •810-2號：往世界自然遺產中心逆向行駛

＊資訊時有異動，請先上官網查詢　　　　　　　　　　　　　　　　　　(製表／雪姬)

如何從濟州市區到達大川換乘中心

出發地	目的地	巴士號碼
濟州機場 (제주국제공항)	大川換乘十字路口 (대천환승정류장)	＊紅色急行巴士：111、112、121、122號
濟州市外巴士客運站 (제주시외버스터미널)	大川換乘十字路口 (대천환승정류장)	＊紅色急行巴士：111、112、121、122號 ＊藍色幹線巴士：211、212、221、222號

＊資訊時有異動，請先上官網查詢　　　　　　　　　　　　　　　　　　(製表／雪姬)

◇820號西部地區景點循環巴士

出發地／目的地	路線	搭乘的巴士
東廣換乘中心	神話歷史公園 ▶ 濟州航空宇宙博物館 ▶ 濟州航空宇宙飯店 ▶ 濟州雪綠茶博物館 ▶ 玻璃之城 ▶ 幻想林葛扎瓦公園 ▶ 思索之苑 ▶ 濟州現代美術館 ▶ 金昌烈道立美術館 ▶ 楮旨文化藝術人村 ▶ 方林園 ▶ 楮旨嶽 ▶ 清水村會館 ▶ 濟州和平博物館 ▶ 山陽葛扎瓦 ▶ 新坪里村 ▶ 九億里村 ▶ Nori梅 ▶ 西廣西里村 ▶ 小人國主題公園 ▶ 西廣東里村 ▶ 世界汽車博物館 ▶ Hello Kitty博物館	•820-1號：往Hello Kitty博物館方向順向行駛 •820-2號：往神話歷史公園方向逆向行駛

＊資訊時有異動，請先上官網查詢　　　　　　　　　　　　　　　　　　(製表／雪姬)

如何從濟州市區到達東廣換乘中心

出發地	目的地	搭乘的巴士
濟州機場 (제주국제공항)	東廣換乘十字路口 (동광환승정류장)	*紅色急行巴士：151、152、182號 *600號機場豪華大巴
濟州市外巴士客運站 (제주시외버스터미널)	東廣換乘十字路口 (동광환승정류장)	*紅色急行巴士：151、152、182、600號 *藍色幹線巴士：251、253、255、282號 *600號機場豪華大巴

＊資訊時有異動，請先上官網查詢　　　　　　　　　　　　　　　　　　(製表／雪姬)

城市觀光巴士 제주시티투어버스

　　以往稱為濟州黃金巴士，現在名為濟州城市觀光巴士(JEJU CITY TOUR BUS)，行駛於濟州市區與市郊一帶總共有22個站點，濟州城市觀光巴士的站牌以及巴士都是藍色，站牌上會有清晰的巴士路線和巴士到站時間表以供參考，車上會有中、英、日語的廣播介紹各途經的景點。上車時直接向司機購票即可，建議購買一日票，當日便可無限次搭乘。

🌐 www.jejugoldenbus.com/cn (簡中)

行駛時間	09:00～19:00（末班車為17:00）
發車間隔	每小時一班車，每天共9班車次
車票費用	• 單程：3,000₩ • 一日票(當日無限次使用)：成人12,000₩、青少年及兒童8,000₩
路線	濟州國際機場 ▶ 濟州巴士客運站 ▶ 濟州市政府(大學路) ▶ 濟州民俗自然史博物館(三姓穴) ▶ 沙羅峰(山地燈塔) ▶ 郵輪客運站 ▶ 濟州沿岸旅客客運站 ▶ 金萬德客棧 ▶ 東門市場 ▶ 觀德亭(牧官衙) ▶ 塔洞廣場(濟州海邊演出場地) ▶ 龍淵索橋(龍頭岩) ▶ 龍海路 ▶ Eoyeong-海岸道路 ▶ 道頭峰>梨湖木筏海水浴場 ▶ 濟州民俗五日市場 ▶ 黑豬肉食堂街 ▶ 漢拿樹木園(樹木園主題公園，納克森電腦博物館) ▶ 老衡五岔路 ▶ 梅生格拉德飯店入口(新羅免稅店) ▶ 濟原住宅
備註	可使用交通卡或現金買票

＊資訊時有異動，請先上官網查詢　　　　　　　　　　　　　　　　　　(製表／雪姬)

國際計程車

專為外國人而設的計程車，計程車司機能以外語(英、中、日語)跟遊客溝通，暢遊濟州更為方便。

☎ 1899-4314(+1 英文、+2 中文、+3 日文)

	普通計程車	大型計程車
基本費用	2,800₩ (以計程車計價器為準)	3,800₩ (以計程車計價器為準)
包車	150,000₩ (1日8小時計算)	200,000₩ (1日8小時計算)
附加費(每小時計算)	20,000₩	30,000₩

(製表／雪姬)

貼心叮嚀

黑色的計程車收費比較貴

韓國的黑色模範計程車服務比較周到，加上司機基本上會多國語言，收費也會比普通計程車貴。如果只是濟州市中心內短程移動，可以考慮搭乘，但是遠程跨區移動的話收費頗高，故不太建議。因此遊玩濟州通常比較不建議選擇黑色計程車。

● 濟州市外巴士客運站從濟州國際機場搭乘計程車到市區一般都要等比較長的時間，所以要預留多點時間來等車

包車

　　如果想要深度遊濟州或是有3位朋友以上同行，建議使用包車服務，行程安排上最為輕鬆，特別是家族旅行一家老小出遊絕不適合搭巴士遊玩，包車最為合適。

◇ 包車費用

- 8小時包車／天 。
- 濟州市區內出發 ： 約150,000₩。
- 濟州市區外出發 ： 約170,000₩。
- 已包含車費、司機費(中文)、停車費、油錢。
- 司機餐費

◇ 包車額外費用

- 超時需補貼費用，以每小時計算，約20,000₩／小時。
- 若要清晨出發看日出或需要環島跨區遊，均會有額外收費，先詢問清楚。
- 若要登上牛島需額外收費，請先詢問清楚。

◇ 注意事項

- 司機會根據客人安排的行程走。
- 必須出發前1星期左右前預約。
- 中英文包車司機都能為客人提供簡單的翻譯服務，因此若在旅途中遇到特殊情況需要韓語即時翻譯，可以嘗試請包車司機幫忙。
- 確定預約後不能取消，行程日期若有更改請盡早通知，部分包車服務商會先收取訂金，在一般情況下若無故取消，訂金都不能退回，因此要詢問清楚才確定預約。
- 以上收費僅供參考，價格會因應市場情況而有所變動，確實價錢請直接向包車公司查詢。

貼心叮嚀

司機餐的費用要事先詢問

　　部分包車服務商的司機餐是由客人負責，方式有：另外付費給司機自行用餐，或客人請客讓司機一同吃飯用餐等。有些包車服務商已包含司機餐，客人不需負責司機的餐點費用，包車時必須事先詢問清楚。

雪姬小情報

中文司機包車服務推薦

　　在這裡推薦一家合法旅遊公司，有中文包車服務，司機都熟悉雪姬書中介紹的所有景點，只要選好書中景點，司機便會帶你到達該處。

● 含有多款車種，圖片只作參考

INFO.
阿里朗國際觀光
濟州中文包車遊服務

可用語言：中、英、日、韓文
🌐 www.arirangintltour.com(繁中)

 arirangintltour

租車自駕

在出發前必須先於網站預約租車服務,只要登入網站後按照指示操作登記即可,到達濟州島後,便可搭乘免費接駁專車到租車場取車。

◇ 樂天租車

樂天集團旗下的租車公司,提供全國性的租車服務,是韓國國內最大型的專業租車公司,安全保證之餘也有較專業的後勤支援。

🌐 www.lotterentacar.net/eng/main/index.do(韓、英)

租車車輛種類

一般客車大致分兩種,一種是傳統汽車,另一種是環保電子汽車(免汽油只需充電,租金較便宜)。傳統汽車有基本5～6人座、7人以及9人座選擇,也有大型車輛可租用,這則視乎所持的國際駕照車種。

英文導航地圖介面方便操作

每台車都備有GPS導航地圖系統,都會定時更新資訊,方便遊客找路。操作介面有英文選擇,不用怕無法閱讀。

◇ 注意事項

- 必須帶駕照、護照和信用卡:持有效期的國際汽車駕駛執照或是韓國國內所發出的有效汽車駕駛執照,但必須要確認所持有的駕照車種。租車費用會以信用卡結帳,所以必須帶信卡。
- 護照與國際駕駛執照上的名字必須相同,如果名字不同,國際駕駛執照便會失去效力。

貼心叮嚀

台灣人尚無法在韓國自駕

台灣因為不是由「日內瓦與維也納協約國」所發出的國際汽車駕照,因此暫時無法持台灣的國際駕照在韓國租車。然而,持台灣駕照旅客,如果同時持有韓國簽證以及韓國的外國人登錄證,可以在韓國的相關部門,換領到韓國駕照而無須另外考試。

2019年起有鑑於台韓交好關係,且互通旅遊人數超過200萬名,正積極研議將原本不在日內瓦公約簽約國中的台灣,給予以「一般國際駕照」即可換發韓國駕照的權利。未來如果政策通過,台灣人便可在韓國駕駛,故此需密切留意相關政策。而香港、澳門遊客可持有效的國際駕照在韓國租車。

作　　　者	雪姬
總 編 輯	張芳玲
發想企劃	taiya旅遊研究室
編輯部主任	張焙宜
企劃編輯	張焙宜
主責編輯	張焙宜
封面設計	雪姬
美術設計	雪姬
地圖繪製	雪姬

太雅出版社

TEL：(02)2882-0755　FAX：(02)2882-1500
E-mail：taiya@morningstar.com.tw
郵政信箱：台北市郵政53-1291號信箱
太雅網址：http://taiya.morningstar.com.tw
購書網址：http://www.morningstar.com.tw
讀者專線：(04)2359-5819 分機230

出 版 者　太雅出版有限公司
　　　　　台北市11167劍潭路13號2樓
　　　　　行政院新聞局局版台業字第五○○四號

總 經 銷　知己圖書股份有限公司
　　　　　106台北市辛亥路一段30號9樓
　　　　　TEL：(02)2367-2044／2367-2047　FAX：(02)2363-5741
　　　　　407台中市西屯區工業30路1號
　　　　　TEL：(04)2359-5819 FAX：(04)2359-5493
　　　　　E-mail：service@morningstar.com.tw
　　　　　網路書店 http://www.morningstar.com.tw
　　　　　郵政劃撥 15060393(知己圖書股份有限公司)

法律顧問　陳思成律師
印　　刷　上好印刷股份有限公司　TEL：(04)2315-0280
裝　　訂　大和精緻製訂股份有限公司　TEL：(04)2311-0221

初　　版　西元2020年2月01日
定　　價　350元

(本書如有破損或缺頁，退換書請寄至：台中市西屯區工業30路
1號 太雅出版倉儲部收)
ISBN 978-986-336-369-9
Published by TAIYA Publishing Co.,Ltd.
Printed in Taiwan

國家圖書館出版品預行編目(CIP)資料

打卡@濟州 / 雪姬作.
-- 初版. -- 臺北市：太雅，2020.02
面；　公分. -- (世界主題之旅；136)
ISBN 978-986-336-369-9(平裝)

1.旅遊　　2.韓國濟州島

732.7999　　108020372

填線上回函，送 "好禮"

感謝你購買太雅旅遊書籍！填寫線上讀者回函，
好康多多，並可收到太雅電子報、新書及講座資訊。

每單數月抽10位，送珍藏版
「祝福徽章」

方法：掃QR Code，填寫線上讀者回函，
就有機會獲得珍藏版祝福徽章一份。

填修訂情報，就送精選
「好書一本」

方法：填寫線上讀者回函，並提供使用本書後的修
訂情報，經查證無誤，就送太雅精選好書一本(書
單詳見回函網站)。

*同時享有「好康1」的抽獎機會

濟州@打卡

https://is.gd/4bWhw9

* 「好康1」及「好康2」的獲獎名單，我們會
於每單數月的10日公布於太雅部落格與太
雅愛看書粉絲團。

* 活動內容請依回函網站為準。太雅出版社保
留活動修改、變更、終止之權利。

太雅部落格 http://taiya.morningstar.com.tw

有行動力的旅行，從太雅出版社開始

23 太雅 週年慶

發票登錄抽大獎
首獎 澳洲Pacsafe旅遊防盜背包

凡於 **2020/1/1～5/31** 期間購買太雅旅遊書籍(不限品項及數量)
上網登錄發票，即可參加抽獎。

首獎
澳洲Pacsafe旅遊防盜背包 (28L)

RFID晶片
防側錄口袋

專利防盜鎖扣

2名

普獎
**BASEUS防摔觸控靈敏之
手機防水袋**

顏色
隨機出貨

80名

掃我進入活動頁面
或網址連結 https://reurl.cc/1Q86aD
活動時間：2020/01/01～2020/05/31
發票登入截止時間：2020/05/31 23:59
中獎名單公布日：2020/6/15

活動辦法
- 於活動期間內，購買太雅旅遊書籍(不限品項及數量) ，憑該筆購買發票至太雅23周年活動網頁，填寫個人真實資料，並將購買發票和購買明細拍照上傳，即可參加抽獎。
- 每張發票號碼限登錄乙次，並獲得1次抽獎機會。
- 參與本抽獎之發票須為正本(不得為手開式發票)，且照片中的發票須可清楚辨識購買之太雅旅遊書，確實符合本活動設定之活動期間內，方可參加。
- 若發票存於電子載具，請務必於購買商品時，告知店家印出紙本發票及明細，以便拍照上傳。

※主辦單位擁有活動最終決定權，如有變更，將公布於活動網頁、太雅部落格及「太雅愛看書」粉絲專頁，恕不另行通知。